見えてくる

バプテストの歴史

松岡正樹・斎藤剛毅・村椿真理・金丸英子・枝光　泉　共著

バプテスト史教科書編纂委員会 編

見えてくる　バプテストの歴史――目次

第一章　宗教改革

この章では、バプテスト発生の背景である、十六世紀の西ヨーロッパにおける宗教改革について取り扱う。

十六世紀の西ヨーロッパは、キリスト教世界が確立し、カトリック教会が全体を支配する体制となってはいたものの、多くの変革が必要な時代であった。ローマ教皇をはじめとする高位聖職者の腐敗、人文主義者による聖書原典研究の進展、専制君主の出現と教会支配からの独立への志向、民族主義の台頭など、多くの要因が表面化し、新しい社会が求められていた。そのようなときに、カトリック教会の変革の烽火《のろし》となったのが、マルティン・ルター（Martin Luther, 1483–1546）の運動であった。

そして本章の最後では、宗教改革の波がイングランドに達し、その中から生まれたバプテストの歴史研究史と初期の歴史を簡潔に紹介したい。

第一節　ドイツの宗教改革

ルターはエルフルト大学で法律を学んでいたが、一五〇五年七月、故郷から大学に戻る途中、シュトッテルンハイムで落雷に遭遇し、死の恐怖から聖アンナに修道士になることを誓ったという。その誓いを守り、エルフルトのアウグスティヌス隠修修道会に入った。その後、司祭となり、厳しい修行を行なった。一五一二年、ヴィッテンベルク大学で神学博士となり聖書を教授した。聖書を研究する中で、「神の義」は人間の行為によって与えられるのではなく、信仰によって神から恩恵として与えられるとの「信仰による義」の認識に到達した。

一五一七年十月三一日に「贖宥《しょくゆう》状」（いわゆる「免罪符」）の効力についての討論を呼びかける「九十五箇条の提題」を公にした。ルターはこれによって「宗教改革」運動を開始することを意図したものではなかったが、この提題は活版によって印刷され、西ヨーロッパに広く知られることとなった。教皇庁は、一五一八年十月のアウクスブルクにおいてカイェターヌス（Jacobus Cajetanus, 1469–1534）枢機卿に審問を行なわせ、ルターに自説の撤回を求めたがルターは拒否し、宗教改革の活動に踏み出すこととなった。一五一九年六月からライプツィヒにおいてルターとカールシュタット（Andreas Rudolff Bodenstein von Karlstadt, 1480?–1541）は、ヨハン・エック（Johann Maier Eck, 1486–1543）との公開討論会に臨んだ。エックの巧妙な弁論術により、ルターはコンスタンツ公会議がヤン・フス（Jan Hus, 1369?–1415）を異端として有罪にしたことは誤りであり、フスの主張にも福音的なものが含まれていると公言した。カトリック教会は一五二一年一月、大勅書「ローマ教皇には思われる」によってルターを破門した。

一五二一年四月、神聖ローマ皇帝カール五世（Karl V, 1500–1558）はヴォルムスに帝国会議を招集し、ルターに出頭命令が発せられた。ルターは自説の撤回を拒否し、帝国追放令が公布された。ルターはヴィッテンベルクへの帰途、武装騎士団によって「拉致」され、ヴァルトブルク城に十カ月ほど匿われた。この間、新約聖書をドイツ語に翻訳し、一五二二年九月に初版が刊行された。同年一月からヴィッテンベルクにおいてカールシュタットらの改革運動が始められたが、それが町に混乱をもたらしたことがルターのもとにも知らされた。そのためルターは三月にヴィッテンベルクに戻り、説教によってその混乱を静めた。当初、ルターの改革は領主と民衆を含めた広い階層の人々によって担われたが、一五二四年からの農民戦争を契機に、領主たちとの協力によって改革が進められることとなった。

カール五世が帝国会議に不在であった間、一五二三年のニュルンベルク帝国会議では福音主義に対する寛容政策が採択され、一五二六年のシュパイア帝国会議では、ヴォルムスの勅令が公式に撤回され、ドイツ諸侯にそれぞれ宗教的選択の自由を認めた。これにより、カトリックを継続する地域と、宗教改革を遂行する地域とが分かれることとなった。

一五二九年の第二回のシュパイア帝国会議になると情勢は変化し、カトリック側が優勢となり、ヴォルムス勅令の強制が決定された。そこで、福音主義諸侯たちは正式に抗議（プロテスト）することを迫られ、彼らは「プロテスタント」と呼ばれるようになった。

一五三〇年、カール五世が出席してアウクスブルク帝国会議が開催され、そこでプロテスタント側の信仰を表明するため、メランヒトン（Philipp Melanchthon, 1497–1560）が中心になって「アウクスブルク信仰告白」をまとめ、プロテスタント諸侯が署名して提出した。カール五世はプロテスタント諸侯に、翌年四月までにその信仰を撤回するか、さもなければ制裁を受けるかの選択を求めた。

プロテスタント諸侯は、この軍事的圧力に対抗するためシュマルカルデン同盟を締結した。しかし、カール五世に対してフランス王フランソワ一世やトルコが軍事行動を計画し始めたため、ドイツ諸侯の協力が必要になり、一五三二年にニュルンベルク和議が結ばれ、プロテスタント諸侯がその信仰を保持することを認めたが、その他の領域に広めることを禁止した。しかし、プロテスタントの拡大を止めることはできなかった。

一五三九年にカトリック側の軍事同盟であるニュルンベルク同盟が成立したが、情勢はプロテスタント側に有利であった。そのような中、プロテスタント陣営に三つの大きな打撃が与えられた。一つは、シュマルカルデン同盟の指導者であるヘッセン方伯フィーリプ（寛容公 Philipp der Großmütige, 1504–1567）の重婚問題が発覚したことである。これは帝国法では禁じられており、秘密裏に行なわれたが世間に明らかとなったのである。二つ目の打撃は、ザクセンのモーリッツ大公（Moritz von Sachsen, 1521–1553）がシュマルカルデン同盟に参加しなかったことである。彼はプロテスタントであると宣言したが、カール五世から特別の配慮をするとの約束により反対者となったのである。三つ目は、一五四六年に霊的指導者ルターが死去したことである。これらの要因により、シュマルカルデン同盟は弱体化した。

このときをとらえてカール五世は、一五四六年、モーリッツ大公の協力を得てドイツに侵攻し、翌年、フィーリプとヨハン・フリードリヒ一世（勇猛公 Johann Friedrich I, 1503–1554）を捕虜とし、皇帝側の勝利となった。カール五世は、一五四八年にカトリックとプロテスタントの神学者による共同委員会に「アウクスブルク仮協定」を作成させ帝国内に布告し、すべての住民にこの協定に従うことを求めた。プロテスタント側にはパンと葡萄酒の二種陪餐と聖職者の結婚を認めたが、その他はカトリックの伝統に従うものであり、両者から反対が起こった。このような状況で、ザクセンのモーリッツ大公がプロテスタント側に寝返り、フランスの協力を得て反乱を起こし、カール五世は敗北した。これにより、一五五二年、パッサウ条約を経て、一五五五年、アウクスブルク帝国会議において、皇帝側とプロテスタント諸侯との間にアウクスブルク和議が結ばれた。その内容は次のようなものである。（一）帝国内にカトリックとルター派の共存を認める。（二）「属地主義」の原則「その住む地域が、その者の信仰」（cuius regio, eius religio）の確認。領主がその領邦の教派を決めることで、他の信仰を告白する住民には移住権を認める。

（三）帝国自由都市はカトリックとルター派の共存を認める。（四）カトリック教会領は、領主がプロテスタントに転じたときは領地を失う（教会留保権）。この和議の後にも両者の緊張が続き、その一応の解決がもたらされるのは、三十年戦争を経て、一六四八年にヴェストファレン条約において、カトリック、ルター派に改革派を含めた三者に対等な権利が認められるときを待たなければならなかった。

第二節　スイスの宗教改革

第一項　チューリヒ

フルドリヒ・ツヴィングリ（Huldrych Zwingli, 1484–1531）は、ウィーン大学、バーゼル大学で学び、マイスターの学位を取得し、一五〇六年、グラールスの司祭に叙任された。一五一五年、イタリアへ従軍司祭として赴いたが、教皇庁側として戦ったスイス傭兵隊は大敗北を喫し、このときの数百名の犠牲者を目の辺りにしてツヴィングリは傭兵制度への疑問を抱いた。一五一六年、「黒いマドンナ」像の巡礼地として有名なアインジーデルンの修道院付属聖堂の説教者として赴任し、一五一八年十二月、チューリヒに教区司祭・説教者として招かれた。早くから人文主義の影響を受け「源泉志向」の精神を獲得し、キリスト教信仰と教会制度の源泉としての「聖書のみ」の原理を確立した。エラスムスの平和主義によりスイス盟約共同体の傭兵制度を批判し、カトリック教会の世俗化を批判した。本人は否定しているが、ルターの著作からも影響を受け、福音主義に転じた。

チューリヒではツヴィングリを支持する福音派が形成された。市参事会は、一五二三年一月に第一回チューリヒ討論を招集した。ツヴィングリは「六十七箇条」を公表し、その主張を明確にした。一方、カトリック側は教会の伝承への従順に言及したのみであった。この結果、市参事会は福音主義への転換を決断した。しかし、ミサ聖祭の廃止などの実際的な適用はさらに二年あまり後の一五二五年になって実現した。

チューリヒはスイス盟約共同体内で最初の福音主義州となった。しかし次第に福音主義が他の諸州にも浸透していき、一五二九年、バーゼルが福音主義に転じた。また、盟約共同体の成員ではないが、ザンクト・ガレン、コンスタンツが福音主義に傾き、これらの福音主義陣営はストラスブールを含めた「キリスト教都市同盟」を結成し、軍事的な結束を強化した。これに対しカトリック諸州も、宿敵オーストリアを含めた「キリスト教連合」を形成し、両者の緊張が高まった。一五二九年六月、チューリヒの南方、カッペルの野で両者が対陣し衝突の危機が訪れたが、このときには第一カッペル和議が締結され戦争は回避された。和議の内容は、福音主義諸州はカトリックへの復帰を強制されないが、カトリック諸州に福音主義への転向を働きかけてはいけないという、現状維持のものであった。

ツヴィングリはさらに強力な軍事同盟の結成を望み、カール五世に対抗する勢力であれば、カトリックの立場であっても、それらとの連携を図った。ヘッセン方伯フィーリプは、ドイツのプロテスタント諸侯とスイス福音主義諸州との軍事提携を進めるため、一五二九年十月、マールブルクに、ルター、ツヴィングリ、メランヒトン、エコランパーディウス（Johannes Oecolampadius, 1482–1531）、ブツァー（Martin Bucer, 1491–1551）など福音主義の指導者たちを招集し、その神学的見解の相違を一致させることを図った。この会談の結果、十五箇条の「マールブルク条項」が作成され、大部分は共通理解に達したことを示している。その内容は、三位一体論・両性論を基本とする古代教会の世界信条を確認、信仰により恵みのゆえに与えられる救い、この信仰のしるしとしての幼児洗礼を含む洗礼を告白、愛によって働く信仰が善い行ないを生み出すことを承認し、さらに再洗礼派の脱政治主義に対しては、世俗の権威と秩序への積極的な支持を表明した。最後の条項「キリストの体と血の聖餐」においても、広範な一致が見られた。実体変化・奉献説を含むミサを否認し、二種陪餐を信徒にも認めた。聖餐は単に主観的な想起の契機であるだけではなく、恵みの賜物であること、特にそれが「イエス・キリストの真の体と血との霊的な受領であること」、それによって弱い心が信仰へと勧奨《かんしょう》されることまでも確認された。しかし、キリストの体と血の臨在の様式については、見解の一致が実現せず、次のように記されている。「われわれは、キリストの真のからだと血が、そのままパンと葡萄酒の中にあるかどうかについては今一致を見ないが、それぞれの心が常に悩むことのあるかぎり、互いにキリスト者の愛を示し、全能の神に…正しい意味をお証しくださるようにお願いしなければならない。アーメン」。このように重要な点で見解が一致しなかったため、軍事同盟も実現することはなかった。

スイス盟約共同体内の福音主義とカトリック陣営の軍事的対立が高まり、一五三一年十月の第二次カッペル戦役にチューリヒは敗北し、従軍牧師として出撃したツヴィングリは戦死した。しかし、ベルンを主とする福音主義諸州軍がカトリック軍を敗退させ、第二カッペル和議が結ばれ、第一カッペル和議と同様に、州ごとにカトリックか改革派のいずれかを法定教会として選択する属地主義を認めた。

チューリヒでは、ツヴィングリの戦死により、その後継者としてブリンガー（Johann Heinrich Bullinger, 1504–1575）が大聖堂教会説教者となった。ブリンガーは、福音主義牧師と市参事会との関係調整に尽力した。一五三二年、「教会会議」が設置された。会議は市内の牧師全員と八名の市参事会議員で構成され、牧師と議員それぞれ一名ずつの議長のもとに年二回招集され、牧師の信仰と生活についての監督権を行使した。

もう一つのブリンガーの大きな貢献は、ジュネーヴの改革派教会との神学的な調整であった。ブリンガーは一五三六年、「第一スイス信仰告白」を執筆し、改革派諸教会の共通理解の布石を置いた。さらに、一五四九年にはカルヴァンとの間で聖餐についての相互理解を「チューリヒ和協信条」として表現し、最終的に一五六六年の「第二スイス信仰告白」で集大成した。この信仰告白は広くヨーロッパの他の改革派諸教会においても規範として受け入れられた。

第二項　ジュネーヴ

宗教改革の時代、ジュネーヴはいまだスイス盟約共同体の一員ではなかったが、チューリヒとの関係から一体的に記述することが適当であるので、この節の中でその改革の歴史を概観することとしたい。

ジャン・カルヴァン（Jean Calvin, 1509–1564）は、パリで神学と哲学、オルレアンとブールジュで法学を学び、パリの王立教授団で人文学を学んだ。福音主義の指導者となるが、迫害が予想される状況となりスイス盟約共同体のバーゼルに赴《おもむ》いた。一五三六年、一時パリに戻り、ストラスブールに向かおうとするが、最短路が戦争のため塞がれていたため回り道をしてジュネーヴに立ち寄った。そこでは宗教改革が始められたばかりで、ファレル（Guillaume Farel, 1489–1565）からジュネーヴに留まるよう懇願され、それを断ると「恐ろしい呪いの言葉」を受け、ジュネーヴの宗教改革運動に加わることを承知した。一五三七年一月、牧師団は市参事会に教会改革案を提示した。それは、「破門の訓練」を担う牧師と信徒代表が構成する長老会を設置すること、全市民の福音主義の信仰告白への署名を求めること、礼拝に会衆全体が詠唱する詩篇歌を採用すること、秘跡とされてきた婚姻を俗権に属するものとし、教会も純潔保持のため参与すること、などの内容であった。この教会権自律の主張を市参事会は認めなかった。一年後に市参事会は復活節礼拝から「ベルン方式」（酵母抜きのパン、洗礼水盤使用等々）の採用を牧師団に求めた。牧師団は教会の自律の権能を確保するため、この求めに従わず、復活節礼拝における聖餐式を取りやめた。これに対し市参事会は牧師全員の「解雇」・追放を決定し、カルヴァンはジュネーヴを離れたのである。その後、ストラスブールに赴任したが、その地ではフランス難民の教会牧師という新たな役割が待っていた。

三年後の一五四一年、再びジュネーヴ市からの招きを受けて復帰し、「教会規則」を起草し、市参事会は一部修正の上採択した。これにより、ジュネーヴ教会は牧師と信徒長老により構成する長老会が運営することとなった。その後、教会は市民生活を規則正しいものとすることに努めた。しかし、「教会訓練を正しく保持するため」の破門権の行使について、その権限は長老会が持つことに市参事会が同意しなかった。

一五五九年、カルヴァンが願っていたジュネーヴ学院が開設され、市内の学生だけではなくヨーロッパ各地からの学生がここで学び、卒業生がカルヴァンの神学をそれぞれの故郷にもたらし、改革派の群れが各地に誕生することとなった。また、一五六〇年から翌年にかけて、ジュネーヴ教会規定が改定され、カルヴァンの願いが実現した。その内容は、(一) 市長はその職務を示す権杖《りんじょう》を帯びて長老会の司会を行なわない。(二) 市参事会議員から教会の長老を選出する場合、牧師団の意向を尊重すること。(三) 長老は旧市民だけではなく、新市民からも選ぶこと。(四) 陪餐停止処分は、当人への通知だけではなく、会堂内に公示すること。(五) 新しい牧師の選任には「会衆の同意」を要するとの従来からの規定を遵守すること、である。これらは、教会の自律性の確保と、世俗権力との協同という困難な問題への回答であった。

第三項　徹底的宗教改革

後にルター派、改革派と称されるようになる宗教改革の主流派は、その運動を、領邦君主、都市政府など世俗権力と協同して行なうようになった。それは、カトリックとの対立の中で改革運動を進めていく上で、当然の帰結であったと思われる。しかし、宗教改革の原理を徹底的に実現しようとした一群の人々が存在した。それらの人々の傾向、考え方は多様であり、ひとくくりにまとめることはできない。それら徹底的宗教改革を目指した群れをしいて区分するならば、再洗礼派（アナバプテスト）、神霊主義、合理主義と分けることができる。神霊主義は、宗教における外形的な姿や組織の重要性を否認し、ひたすら内面性に重きを置く立場である。合理主義は、理性に基づく自由探求の精神により伝統的神学さえも吟味の対象とし、三位一体の教理などに異を唱えた立場である。

ここでは特にバプテストとの関係が論議されてきた再洗礼派について紹介する。再洗礼派はチューリヒのツヴィングリのもとに集まっていた群れの中から生まれた。彼らはツヴィングリの改革に共鳴し共にその運動を担っていた。彼らは初期のツヴィングリの「聖書のみ」の主張が、実際の適用において徹底さを欠いていることに不満を抱き、ついに、一五二五年一月、自分たち独自の信仰者洗礼を行なった。これによりツヴィングリと袂《たもと》を分かったが、「再洗礼」という名称は、反対者からの蔑称であった。再洗礼派は信仰の自覚を持たないで受けた新生児洗礼を真の洗礼とは認めず、信仰を自覚した者の洗礼しか認めていなかったので、再洗礼を行なっているとはまったく考えていなかったのである。また、再洗礼派は教会と国家との厳格な分離を主張し、宗教改革主流派が宗教上の重要な事柄の判断について、教会が独自の決定権を持たず、為政当局者の関与を認める中で最終的な決定を行なうことに厳しく反対した。

再洗礼派の主張は社会秩序を乱すものとして禁じられ、指導者たちはチューリヒから追放され、ドイツ語圏の各地にその教えを広めていった。一五二七年二月、ドイツの国境に近い小村シュライトハイムにスイスとドイツの再洗礼派が集まり、その主張を「神の子らの兄弟の一致」（「シュライトハイム信仰告白」）と題する一種の信仰告白文をまとめ、各地の同信の徒へ送付した。なお再洗礼派はチューリヒのみから発生したのではなく、各地で同種の群れが生起されたと思われるが、史料的に確証が困難で研究者の間で論争が行なわれている。

一五二七年八月、南ドイツのアウクスブルクに各地の再洗礼派指導者約六〇名が秘密裏に会合し、意見の相違の調整が行なわれた。その結果、スイス系再洗礼派の脱世俗・非政府主義を正統とし、ハンス・フート（Hans Hut, 1500?–1527）の具体的な再臨実現思想を支持しないことが決定された。この会合に出席した人物の多くがほどなく殉教したことから、この会合は「殉教者会議」とも呼ばれている。

各地で迫害を受けた北ドイツやオランダの再洗礼派は、ミュンスターの乱（一五三四―一五三五）を起こし、カトリック司教とプロテスタント諸侯連合軍によって鎮圧された。この後、西ヨーロッパにおいて再洗礼派は、この乱を起こした戦闘的再洗礼派と同一視され、忌み嫌われることとなった。このような困難な状況の中で、モラヴィアで形成されたフッター派（ハッテライト）と、オランダで生まれたメノー派（メノナイト）が現在まで存続している。

第四項　宗教改革の神学

宗教改革者たちは、新しいキリスト教を主張したのではなく、本来あるべきキリスト教を回復することを求めた。その際に基準となったものは聖書であり、「聖書のみ」（sola scriptura）が主要なスローガンとなった。聖書に明確な根拠を持たない事柄は認めないとの立場で、カトリックが主張していた「教皇無謬説《むびょうせつ》」「マリアの無原罪の宿りの教理」などは、聖書的根拠を欠くものとして退けられた。またサクラメント（秘跡）については、カトリックが定めていた洗礼、堅信、聖体（聖餐）、ゆるし（悔悛）、終油（病者の塗油）、叙階、結婚の七つを、厳密に聖書に根拠を持つと判断した、洗礼（バプテスマ）と聖餐（主の晩餐）の二つに限定した。

ルターは人間の罪からの救いは、カトリックが主張していた「信仰」と「功績」によって得られるのではなく、「信仰のみ」（sola fide）によって与えられると聖書を根拠に主張した。これは、人間の功績によって罪からの救いが得られるのではないこと、あるいは功績が救いの獲得に貢献するのではないことを示している。このことを神の側から述べると、「恩寵のみ」（sola gratia）と言い換えられる。人間は自分自身の力では罪からの救いを得ることはできず、神からの一方的な憐れみ（恩寵）によって救いが与えられるとの意味である。

宗教改革者たちの間で意見の一致をみなかったのは、聖餐論においてであった。カトリックは、「実体変化説」を教義としていた。それは、パンとぶどう酒の偶有性（色や形の概観）は変化しないが、実体（そのものの本質）においてパンとぶどう酒はキリストの肉と血に変化するというものである。これに対してルターは、「共在説」と呼ばれる主張を行なった。それは、パンとぶどう酒の実体の変化はないが、キリストの体も同時に共在しているとの考えである。一方、ツヴィングリは、「象徴説」と称される考えを示した。それは、聖餐は「キリストの苦難の記念であって、犠牲ではなく」、キリストの「これはわたしの体である」という言葉は比喩的な表現であり、パンとぶどう酒は天のキリストを示す象徴であるとした。カルヴァンは、ルターとツヴィングリの中間的な見解を示した。パンとぶどう酒はしるしであり実体の変化はないが、その指し示すキリストの体は霊的に現臨する。

教会論については、カルヴァンの見解が代表的なものである。真の教会のしるしは「神の言葉が純粋に説教され、聞かれ、サクラメントがキリストの制定に従って執行され」ていることである。

一方、宗教改革主流派と対立し迫害を受けた再洗礼派の神学はどうであったのか。これについては前項で紹介した「シュライトハイム信仰告白」が手がかりになる。ただし、再洗礼派の中にも多様な思想があり、この信仰告白の内容は必ずしも全体を代表するものではないが、スイス系再洗礼派で広く用いられていたことが、ツヴィングリとカルヴァンが共にこれに反論する著述を執筆していることから推し量られる。この信仰告白は次の七つの項目から成っており、その内容を短く紹介する。

一　洗礼について
　信仰者への洗礼の主張と新生児洗礼の否定。

二　放逐《ほうちく》について
　信仰者としてふさわしくない者への「破門の訓練」。

三　パン裂きについて
　聖晩餐（主の晩餐）にあずかる者は信仰者としてふさわしい者に限られる。

四　隔離について
　信仰者は神のみこころに従っていない者たちとの交わりから離れること。この考えから、再洗礼派は同信の者たちのみによる共同体を形成した。現在でも、アメリカ合衆国におけるアーミッシュ（メノナイトの一派）が知られている。

五　牧者について
　牧者（牧師）の役割が記され、牧者の生活は教会が支えることが明記されている。

六　剣について
　信仰者はキリストにならい、剣の権力を行使してはならない。また悪人の最終的処罰を放逐（破門）とし、処刑を認めない。つまり、信仰者は為政当局者のように政治に携わってはいけないこととなる。

七　誓いについて

マタイによる福音書五章三六節を引用し、信仰者が誓うことを禁じた。当時のスイスの都市共同体においては、公的な場面で誓約を求められることが多く、この考えは現在のわれわれが感じるよりも相当に大きな影響がある内容である。

第五項　バプテストの歴史研究史

バプテストの歴史については次章から詳しく記されるが、今までの歴史研究史と初期の歴史を簡単に紹介し、次章への橋渡しとしたい（参考文献『バプテスト教会の起源と問題』参照）。

十八から十九世紀のイングランド、アメリカのバプテストの歴史家たちは、他教派からの批判に対する護教的立場から、バプテストの主張の正統性を過去の権威に求め、その起源をバプテスマのヨハネ（洗礼者ヨハネ）までさかのぼらせた「バプテスト継承説」を立証しようとした。その内容は、新生児洗礼に反対し主体的信仰告白に基づくバプテスマを実践したと思われるグループをバプテストと同一視し、彼らが歴史的連続性を持たなかったにもかかわらず、鎖のようにつないで、バプテストたちが歴史的に継続して存在したとするものである。これらの歴史家たちはヨーロッパの再洗礼派とイングランドのバプテストを同一視し、両者間の相違を追求しなかった。

十九世紀後半および二十世紀のバプテストの批判的歴史家たちは、原資料を批判的方法論により検討して、バプテストの歴史を書く努力を重ねた。その結果、彼らは一世紀にまでバプテストの起源をさかのぼらせる「継承説」を非歴史学的として否定した。また、バプテストには「ジェネラル・バプテスト」（アルミニウス神学に立つ群れ）と「パティキュラー・バプテスト」（カルヴァン主義神学に同意する群れ）の流れが存在するが、ジェネラル・バプテストの起源を、ジョン・スマイスが再洗礼（灌水礼）を実行した年（一六〇九年）、あるいは彼の弟子トマス・ヘルウィスら約一〇名がイングランドに帰り、ロンドン郊外にバプテスト教会を創立した年（一六一二年）に、またパティキュラー・バプテストの起源を、ジェイコブ教会（JLJ教会、三七頁参照）から一六三三年から三八年の間に離脱したグループがはじめて浸礼（水に沈めるバプテスマ）を実践した年（一六四二年）に求めた。

ジョン・スマイスと共にイングランドからアムステルダムに移住した人々が接触した、再洗礼派の流れをくむメノナイトの一派であるウォーターランド派が、初期ジェネラル・バプテストにどのように影響を与えたかについての議論は、一九三〇年に始まった。それ以来、多くの学者がその議論に参加し見解を述べてきた。再洗礼派の影響を主張する者がいる一方、再洗礼派の影響を否定しピュリタンおよび分離派の神学的影響を主張する者などがいた。ジェネラル・バプテストの起源におけるオランダ・メノナイトの神学的影響について探求する過程において、ヘルウィスがラテン語で書いた「信仰概要」（一六一〇年）を加えた文献の比較分析の結果から、間接的に影響の可能性を示唆していることが確認された。バプテスマ、主の晩餐などのサクラメントに関する理解、善行の強調、除名を含む信徒の訓練、体の甦り、最後の審判などに関する終末論的見解など、メノナイト・ウォーターランド派の理解が、ヘルウィスの神学的理解に影響の跡を残しているが、ヘルウィスの後継者であるジョン・マートンの書き残した文献や、その後の五つのジェネラル・バプテスト教会の書簡には、ウォーターランド派の神学的影響を見いだすことはほとんど不可能である。その段階ではむしろ、両者間の相違性の方が顕著になっていた。

パティキュラー・バプテストの起源と問題点に関する歴史研究は、二十世紀に入ってから、イングランド、アメリカ両国の歴史学者たちによって本格的に開始された。この研究における最重要資料は、第二章第二節第三項で紹介されている『ジェシーの記録』と『キッフィン原稿』である。この文献の研究によって、パティキュラー・バプテストの誕生の母体となったＪＬＪ教会から、どのようにパティキュラー・バプテストの群れが誕生したのか、そのおおよそのあらましが明らかとなった。ＪＬＪ教会の性格は研究者によって見解が分かれているが、会衆主義的分離派教会としての特色を強く持ちながらも、イングランド国教会の信徒・牧師との交わりを続ける穏健な傾向を持つ教会であった。この教会から一六三三年と三八年に離脱したグループが、聖書研究の結果、信仰を告白した者へのバプテスマを浸礼の形式で行なうのが正しいとの結論に至り、一六四二年に浸礼を実行し、四四年には『ロンドン信仰告白』を採択した。信仰告白の内容については第二章第二節第三項で詳しく紹介されているが、カルヴァン主義神学の影響を受け、分離派から会衆主義的教会論を受け継いでいる。一方、バプテスマについては信仰告白をした者に限定し、その方式を浸礼とすることなど、バプテストとしての独自性を打ち出している。

参考文献

出村　彰『カルヴァン　霊も魂も体も　宗教改革論集1』新教出版社、二〇〇九年。

出村　彰『総説キリスト教史2　宗教改革篇』日本キリスト教団出版局、二〇〇六年。

菊地榮三・菊地伸二『キリスト教史』教文館、二〇〇五年。

フスト・ゴンサレス著、石田学・岩橋常久共訳『キリスト教史　下巻』新教出版社、二〇〇三年。

斎藤剛毅『バプテスト教会の起源と問題』ヨルダン社、一九九六年。

アリスター・Ｅ・マクグラス著、神代真砂実・関川泰寛共訳『キリスト教思想史入門』キリスト新聞社、二〇〇八年。

アリスター・Ｅ・マクグラス著、高柳俊一訳『宗教改革の思想』教文館、二〇〇〇年。

『宗教改革著作集』全一五巻、教文館、一九八三―二〇〇三年。

文献目録

前掲『総説キリスト教史2　宗教改革篇』巻末の参考文献を参照されたい。

略年表

一五一七年	ルター、「九十五箇条の提題」を公表
一五二一年	ローマ教皇、ルターを破門。神聖ローマ皇帝カール五世、ルターに帝国追放令を発する
一五二三年	ニュルンベルク帝国会議、福音主義に対する寛容政策を採択。第一回チューリヒ討論
一五二四年	ドイツ農民戦争（翌年まで）
一五二五年	チューリヒの再洗礼派、はじめて信仰者洗礼を行なう
一五二六年	シュパイア帝国会議、ドイツ諸侯にそれぞれ宗教的選択の自由を認める
一五二七年	「シュライトハイム信仰告白」。アウクスブルクで再洗礼派「殉教者会議」開催
一五二九年	第二回シュパイア帝国会議、ヴォルムス勅令の強制が決定され、福音主義諸侯たちは正式に抗議（プロテスト）し「プロテスタント」と呼ばれる
	スイス盟約共同体、第一カッペル和議。マールブルク条項
一五三〇年	アウクスブルク帝国会議に「アウクスブルク信仰告白」を提出
一五三一年	シュマルカルデン同盟。第二次カッペル戦役、第二カッペル和議
一五三二年	ニュルンベルク和議
一五三四年	ミュンスターの乱（翌年まで）
一五三六年	「第一スイス信仰告白」。カルヴァン、ジュネーヴの宗教改革運動に加わる
一五三六年	カルヴァン、ジュネーヴから追放されストラスブールに赴任
一五三九年	ニュルンベルク同盟
一五四一年	カルヴァン、ジュネーヴに復帰

一五四六年	シュマルカルデン戦争
一五四八年	アウクスブルク仮協定
一五四九年	「チューリヒ和協信条」
一五五二年	パッサウ条約
一五五五年	アウクスブルク和議
一五五九年	ジュネーヴ学院開設
一六一八年	三十年戦争勃発
一六四八年	ヴェストファレン条約（三十年戦争終結）

第二章　バプテスト教会の誕生と十七世紀バプテスト教会の発達

現在、アメリカでプロテスタントの最大教派にまで発展したバプテストの起源はどこに見出せるのであろうか。教派誕生の地はイングランドである。バプテスト教会が十七世紀のイングランドに誕生した背景には、ヨーロッパを揺り動かした宗教改革の歴史があった。教会史の立場から巨視的に見れば、バプテスト教会は十六世紀のヨーロッパ大陸の宗教改革の潮流の中で、イングランド国教会の改革を徹底しようとしたピュリタン分離派を母胎として歴史の舞台に誕生したと言えよう。

この章では、イングランド国教会の形成と国教会の改革をめざしたピュリタンおよびそこから派生したピュリタン分離派とジェネラル・バプテスト教会の起源について述べ、またパティキュラー・バプテスト派誕生の母胎となった教会の出現とその歴史的展開の経緯を少し詳しく述べる。さらに教派の神学的独自性と他教派からの神学的影響も考え、終わりに十七世紀における両派の発展を述べたい。

バプテスト教会の歴史的存在意味を問うとき、教会の源流を探求し、そこから教会がどのように発展してきたのか、そして将来どこに向かおうとしているのかを学ぶ必要がある。バプテストとしての自己発見の旅に出かけることにしよう。

第一節　イングランド国教会とピュリタン分離派

第一項　イングランドにおける宗教改革と国教会の形成

イングランドは地理的にはローマからは遠い島国であり、イングランドの教会は教皇庁からの強い支配を受けずに、精神的自由が保持され、修道院的性格の強いものであった。イングランドにおける宗教改革の先駆的人物は、ウィリアム・オッカム（William of Occam, 1285?–1347）であり、またジョン・ウィクリフ（John Wycliff, 1330?–1384）である。彼らはキリスト教本来の信仰と実践の基盤は聖書のみにあると主張し、カトリック教会の信条・教義を批判した。ジョン・ウィクリフは聖書の英訳に着手したが、死後異端とされ、著書は焼かれ、墓はあばかれて遺体も焼かれている。

彼らの精神はウィリアム・ティンダル（William Tyndale, 1494?–1536）に受け継がれた。彼は聖書の英訳に打ち込み、旧新約聖書の翻訳を完成させて出版した。その語彙は後の『欽定訳聖書』に取り入れられ、イングランド国民の宗教心の涵養《かんよう》に寄与している。イングランドにおける本格的改革は、ヘンリ八世に始まった。

（1）　ヘンリ八世（Henry VIII, 1491–1547）による改革

ヘンリ八世（在位一五〇九–一五四七年）はキャサリン王妃との間に男子の王位継承者を得られなかったので、キャサリンとの婚姻を解消し、アン・ボーリンとの結婚を望んだ。問題を有利に解決するために、トマス・クランマー（Thomas Cranmer, 1489–1556）を大司教に任命し、クランマーは大司教法廷において、ヘンリ八世の婚姻解

消と再婚を認め、イングランド議会もそれを承認した。このボーリンとの間に生まれたのが後のエリザベス女王である。

離婚に反対したローマ教皇は対抗措置としてヘンリ八世を破門した。イングランド議会は一五三三年に「教会税廃止令」、一五三四年に「首長令」を可決し、イングランド国王を「イングランド国教会の地上における唯一の首長」と宣言した。これはイングランドの教会がローマ教皇の支配から自由となり、独立を確保したことを内外に宣言する法律であった。この法律を作成させ、議会で通過させるために強力な指導力を発揮したのはヘンリ八世であった。教皇権からの解放は国益につながることであり、反教皇感情が強かったイングランド国民も国王の政策を支持した。

ヘンリ８世（Henry VIII,1491–1547）（小嶋 潤『イギリス教会史』刀水書房，1988，p.64）

イングランド国教会のローマ教会からの分離独立を断行したヘンリ八世は、教会に関する国王の代理者としてトマス・クロムウェル（Thomas Cromwell, 1485?–1540）を任命し、彼を通して国内の教会改革を断行した。一五三六年に「小修道院解散法」、一五三九年に「大修道院解散法」を立法化し、学問の中心でもあった修道院を廃絶し、莫大な土地や財宝を没収した。

一五三八年、「国王布告」により、聖職者は英訳聖書を教会に備え付けるように命じられた。英訳聖書は六版までトマス・クランマーの序文があるため、「クランマー聖書」と呼ばれたが、クランマーによる英訳聖書流布の努力はその後のイングランドの宗教改革の推進に大きく貢献したのである。もっとも、イングランド国教会の教義と礼拝儀式はカトリックに近いものであった。

（2）　エドワード六世とエリザベス女王（Elizabeth I, 1533–1603）による改革

エドワード六世（Edward VI, 1537–1553）の母は、ヘンリ八世の三番目の王妃ジェーン・シーモアである。エドワード六世（在位一五四七―一五五三年）は九歳で王位に就いたため、伯父のサマーセット公が摂政となり、カンタベリーの大主教トマス・クランマーを協力者として、教会改革が進められた。国王の勅令により、迷信を生む聖画・聖像が教会から除去され、聖体だけのミサはパンとぶどう酒の聖餐に変えられた。司祭の結婚も公認となり、礼拝における儀式の改革もなされたが、最も重要なことは一五四九年に「統一令」が公布されて、ラテン語ではなく英語による礼拝が、全教会で「祈祷書」に従って行なわれるようになったことである。サマーセット公が失脚すると政治を担当したノーサンバーランド公のもとで、「祈祷書」が改訂された。カトリック的要素を弱め、聖餐は聖餅《せいへい》からパンへ、司祭の祭服もより簡素なものとなった。これは教会改革が、教義的な面では、ローマ・カトリック教会やルター教会よりも、スイスの改革の方に進められたことを意味する。

エドワード六世は十六歳のとき在位六年で世を去った。そして、ヘンリの最初の王妃キャサリンの娘であるメアリ（Mary Tudor, 1516–1558）が即位した（在位一五五三―一五五八年）。メアリは熱心なカトリック信徒であったので、即位するとただちにカトリック司教を復職させ、改革者たちを次々と投獄し、また宗教改革の諸法律を廃止し、礼拝形式もヘンリ王の末期に戻した。大主教クランマーも投獄され、プロテスタント信仰を否認する署名を強要された。クランマーは焚刑《ふんけい》の際に、群衆の前で死を恐れて署名した臆病を詫び、署名撤回の宣言をして天に召さ

エリザベス女王（Elizabeth I, 1533–1603）

れた。女王の迫害と弾圧は激しさを増し、二九〇名近くが殉教したことで国民の反感を招き、フランス出兵の失敗も重なり、メアリは四二歳の若さで失意のうちに生涯を閉じた。

プロテスタント迫害の惨事はエリザベスの女王即位と共に終わり、イングランドの教会改革は次の段階に進むのである。エリザベス女王（在位一五五八―一六〇三年）は、マシュー・パーカー（Matthew Parker, 1504–1575）をカンタベリー大主教に任命し、その助力を得て、一五五九年の議会における「首長令」を成立させ、「国家の唯一最高の統治者」となった。そして、重要な法案「礼拝形式統一令」が議会で承認されると、メアリにより廃止された「祈祷書」を再制定させることによってイングランド国教会の基礎は固まっていった。エリザベスの下で確立された国教会は、礼拝形式的にはカトリックの伝統を守りつつ、信条・教義的にはプロテスタント主義を重んじる中道的立場を取ることになる。

しかし、イングランド国教会は二つの宗教的勢力から脅かされることになる。一つはローマ・カトリック教会である。教皇ピウス五世は一五七〇年にエリザベスを破門し、密かにイエズス会士をイングランドに送り込みカトリック教会の強化を謀《はか》ったが、エリザベスは対抗してミサを禁じ、カトリックの勢力を弱めるなか、女王暗殺計画が発覚し、前スコットランド女王、メアリ・ステュアートが処刑される。強大なカトリック国であったスペインはイングランドにとって脅威であったが、スペイン艦隊を撃破したことにより、イングランドはその脅威から自由にされ、エリザベスに政治的安泰がもたらされる。
もう一つの脅威はピュリタン運動であるが、それは次項で述べることにしよう。

第二項　イングランドにおけるピュリタンと分離派

（1）ピュリタン運動

エリザベス女王の中道主義は不徹底であると考え、国教会内にあって聖書に従う改革を行なおうとしたイングランドにおける宗教改革運動の推進者たちをピュリタン（清教徒、純粋派）と呼ぶ。ピュリタン指導者と国教会指導者との間に激しい論争も行なわれている。祭服着用の是非に始まり、主教制はカトリック教会の残滓《ざんし》であり、聖書的根拠を持たないとする教会統治の問題にまで論争は展開した。大主教によるピュリタン弾圧が行なわれたことは言うまでもない。

エリザベス女王による統治は四五年続いたが、一六〇三年にエリザベスは逝去する。後を継いだのは、ヘンリ七世の子孫でステュアート家のスコットランド王、ジェームズ六世（1566–1625）である。スコットランドでは長老派教会がすでに樹立されており、ジェームズは幼少のときより長老派系牧師から教育を受けていたので、国王を迎えるピュリタンたちの期待は大きく、教会制度の改善、説教の重視と信徒の質の向上などを願う嘆願書を提出した。イングランドでジェームズ一世（在位一六〇三―一六二五年）と称された彼は、国教会の主教たちとピュリタン指導者を集めて「ハンプトン会議」を開いた。ピュリタンの希望は裏切られたが、聖書の新しい翻訳が認められた。これが後の『欽定訳聖書（King James Version）』であり、英語翻訳の最高峰に位置すると評価される文学的価値の高いものである。この聖書を生み出したことは、ピュリタン指導者たちの歴史的貢献であった。この『欽定訳聖書』は日本の文語訳聖書翻訳の重要な参考文献となった。

ジェームズ王の子、チャールズ一世（Charles I, 1600–1649、在位一六二五―一六四九年）が王位を継承すると、強力な国教会支持者であったウィリアム・ロード（William Laud, 1573–1645）が大主教（在職期間は一六三三―一六四一年）に任命され、ロードにより残酷なピュリタン弾圧が強化された。ピュリタンが国教会改革の希望を失い、信教の自由を求めてオランダやアメリカ新大陸に渡ったのはこの時期である。ジェネラル・バプテスト派の先駆的人物、イングランドのジョン・スマイスのグループが信仰の自由を求めてオランダのアムステルダムに渡ったのは、一六〇八年のことであった。

パティキュラー・バプテスト教会の派生母胎となった教会の初代牧師ヘンリ・ジェイコブが一六二四年、信教の自由を求めてアメリカのヴァージニアへ渡航し、二代目の牧師、ジョン・ラスロップが一六三四年以降に信徒約三〇人と共にニューイングランドに出航したのは、ロード大主教がピュリタンを迫害した時期である。

（2）ピュリタン分離派

国教会内部にあって改革を進めるピュリタン運動には、法的規制による限界があった。その限界ゆえに、国教会から分離・独立して、国教会の外で聖書の理想を実現しようと願ったピュリタンたちが一五六〇年代に現れた。彼らはセパラティスト（分離派〔独立派ともいわれる〕）と呼ばれるようになる。分離派は広い意味でピュリタンの範疇に入れて理解されているので、この項ではピュリタン分離派と「分離派」を同じ意味で用いる。

ピュリタン分離派は会衆主義的教会政治に固執し、主教〔監督〕政治による国教会を偽りの教会と断定し、国教会内に留まって教会改革を志すピュリタン信徒といえども、国教会から完全に分離しない限り、偽りの教会に属する者として、聖餐にあずかることを許さなかった。さらに分離派は、各個教会を支配しようとするいかなる地上的権威をも、キリスト以外は認めようとはしなかった。

イングランドにおける分離派の思想は、ロバート・ブラウン（Robert Brown, 1550?–1633）に始まり、ヘンリ・バロー（Henry Barrow）、ジョン・グリーンウッド（John Greenwood）に受け継がれ、フランシス・ジョンソン（Francis Johnson）、ヘンリ・エインスワース（Henry Ainsworth）、ジョン・スマイス（John Smyth）たちの著作の中に開花し、またピルグリム・ファーザーズの牧師、ジョン・ロビンソン（John Robinson）に継承されていった。

この分離派の思想が次の第二節で述べる二つの潮流を持つバプテスト派最初の教会誕生に影響を与えていくのである。バプテスト派は教会政治を会衆主義的教会運営において、礼典は自覚的信仰告白に基づくバプテスマの理念と実践において、バプテスト派としての独自性を示す教会を形成し、歴史の流れの中で大きく成長していったのである。

第二節　最初のバプテスト教会――二つの潮流

バプテスト教会にはジェネラル派とパティキュラー派の二つの潮流がある。キリストの贖罪《しょくざい》は信じる人々すべて（ジェネラル・ピープル）に普遍的に与えられると説いたオランダの神学者アルミニウス（Jacobus Arminius, 1560–1609）の普遍的贖罪説に立っているのがジェネラル・バプテスト派である。これに対して、キリストの贖罪は神に選ばれた特定の人々（パティキュラー・ピープル）に与えられると説いたカルヴァンの限定救済説に立っているのがパティキュラー・バプテスト派である。

第一項　ジェネラル・バプテスト派の起源

（1）　ジョン・スマイス（John Smyth, 1570–1612）

ジェネラル・バプテスト派の先駆的人物は、イングランドのジョン・スマイスである。彼はケンブリッジ大学のクライスト・カレッジで学び、さらに修士課程を卒業後、助手として哲学や神学を教えたが、ピュリタン思想の影響を受けて国教会を批判したために辞職させられた。数年後の一六〇六年頃から分離派教会の牧師となり、非合法集会の指導を始めている。

ピュリタンは国教会内部にあって改革を志したが、ピュリタン分離派はそれをなまぬるいとして、国教会の外で良心の満足する礼拝形式を秘密裏に守ったのである。しかし、発見されれば指導者はすぐに獄に繋《つな》がれる危険があった。そのような状況下ではいつまでも礼拝を守ることができないと知ったスマイスと信者約四十人は、オランダに信仰の自由を求めて、一六〇八年の春にまずスマイスと妻子を残したグループがアムステルダムに渡り、そしてその夏に家族が移住したのである。

彼らはアムステルダムのパン工場主であり、メノナイト・ウォーターランド派教会の信徒であったヤン・ムンター（Jan Munter）の好意により、パン工場内で礼拝を守る喜びが与えられた。「ウォーターランド派」という語は、オランダ北部の郡内にあるウォーターランドという地名に由来しており、オランダ・メノナイト派の進歩的セクトを意味する。ウォーターランド派との接触によると推定されるが、信じる者のみが構成する教会という分離派の教会観に、自覚的信仰をもたない新生児のバプテスマが許容されていることの矛盾にスマイスは気づいたのであ

ヤン・ムンターのパン工場（J. G. de Hoop, *History of the Free Churchmen*, 1922, p. 1）

る。

　スマイスは聖書と取り組み、初代教父の書物などを学んで、新生児洗礼は聖書の教えに反するという確信に至り、信者を説得して分離派教会を解散した。新生児洗礼は日本では「幼児洗礼」と表記されている。幼児洗礼は Infant Baptism の訳であるが、Infant は赤ん坊、幼児、小児を意味し、年齢に幅があるが、まだ十分歩いたり話したりできない子供をいうことが多い。しかし、生まれたばかりの赤子、出生から三歳くらいの子を意味する幼児の意味も Infant には含まれているので、訳として幼児洗礼が選ばれたと思われる。しかし、イングランド国教会での洗礼は新生児への洗礼であるので、新生児洗礼という訳がより正確と筆者は考えるので、本書では「新生児洗礼」という語を用いる。

　スマイスは原始教会に存在した正しいバプテスマはすでに失われて、歴史的に継承されていないと判断した。二、三人が主の名により集うところに新しい教会が形成されると信じて、スマイスがまず自分自身に水を振りかける形式のバプテスマ（灌《かん》水礼）を執行し、続いて全会員に灌水礼を授けたのである。灌水礼は、頭あるいは額に水をたらす「滴礼」や、全身を水中に沈める「浸礼」とは異なるバプテスマの形式である。こうして一六〇九年のはじめ、オランダの地にイングランド人のバプテスト教会が誕生した。スマイスの信仰者洗礼に関する確信は、アムステルダムで一六〇九年、彼によって書かれた *The Character of Beast*（『野獣の性格』）という作品に述べられている。

ところが、メノナイトとの交流を深めたスマイスは、約一年後に、アムステルダムのメノナイト・ウォーターランド派教会こそ新約聖書の理想を実現している教会であると考えるようになり、そのような教会が存在していたのに、バプテスマの執行をメノナイト・ウォーターランド派教会に依頼せず、灌水礼方式による自己洗礼を自ら行ない、また全信徒に灌水礼を授けたのは間違いであったと主張し始め、信徒を説得して一六一〇年にメノナイト教会との合併を、二十箇条の「信仰告白」を添えて申し出たのである。

（2）　トマス・ヘルウィス（Thomas Helwys, ?–1616?）と九人の信仰仲間

スマイスの転向に深い悲しみをもって反対したのは、ヘルウィスを中心とする十人の信徒たちである。スマイスの自己洗礼はバプテスマのヨハネにならった妥当な行為であったと主張して譲らず、ヘルウィスたちは転向者を除名し、迫害を覚悟で祖国に帰ったのであるが、帰国前にヘルウィス・グループは十九箇条の「信仰概要」を書き上げた。これはヘルウィスの神学的見解が表現されている重要な文献である。イングランドに帰国したヘルウィスたちは、ロンドン郊外にイングランドではじめてのバプテスト教会を一六一二年に設立した。教会と言っても家庭集会的な家の教会であったが、ヘルウィスが教会の指導者となった。

ヘルウィスはケンブリッジやオックスフォードと並び称される伝統と由緒のある有名校で、法律専門家を養成す

るためのロンドン法律学校で学んでいる。ここで三年間の法律的訓練を受けている間に、イングランドの国教会内部にピュリタンの勢力が増し、またその運動の中から分離派の活動が始まっている。ピュリタン活動を抑え込むために、一五九三年四月に「非国教徒の秘密集会禁止令」が公布されたが、この法令によりヘルウィスは二十年後に投獄される憂き目に会うのである。

一五九五年に法律学校を卒業したヘルウィスは、生まれ故郷に帰り、父親の遺した土地に住み、結婚し、一児を得た。彼がピュリタンに対する理解と同情を示したため、彼の家はピュリタンの牧師や共鳴者たちの集会所となった。牧師たちの中で特に親しくなったのが、ジョン・スマイスであった。スマイスがピュリタン思想から分離派の思想へと進み、ヘルウィスに分離派の信仰を持つように強く奨めたとき、「九カ月の内心の葛藤の末」ヘルウィスがその奨めに従ったとスマイスは述べている。

秘密の礼拝を守っていた分離派会衆は、それ以上官憲の目を逃れて信仰生活することはできないと判断し、信教の自由を求めてアムステルダムに渡った。一六〇八年の春にヘルウィスは妻子を残して先に渡航したのであるが、彼の妻ジョアンは捕らえられ、一団の行方を詰問されたが、黙秘により三カ月留置されている。ヘルウィスはスマイスがアムステルダムにおいて、自覚的信仰をもっていない新生児への洗礼は聖書の教えに反すると判断し、信仰を告白できる者のみが洗礼を受けるべきという神学的確信に至ったときに賛意を示し、オランダにおける分離派教会の解散と灌水礼の実践によってバプテスト教会の形成を助けたのである。しかし、ヘルウィスとスマイスとの間に決定的亀裂が生じたことは前述したとおりである。

ヘルウィスは帰国前のアムステルダム滞在中に、良心に従って守る礼拝の自由を主張する執筆をなし、『邪悪のミステリー』と題して印刷し、帰国すると次のような献辞を書いて国王ジェームズ一世に献呈した。

聴き給え、わが王よ。貧しき者の訴えを軽んじることなく、その嘆きを御前に至らしめて下さい。王は死ぬべき人間であって、神ではありません。ゆえに、王は臣民の不滅の魂に対して、法令を作って魂を服従させたり、彼らの霊的主となる力はないのです。もし王が霊的主となる法律をつくる権威をもつならば、王は不死の神となり、もはや死ぬべき人間ではなくなります。…王は神に従うべきであり、王の貧しき臣民に辛く当たることがありませんように。…

ロンドン近郊のトマス・ヘルウィス

ヘルウィスがただちに逮捕され、ニューゲイトの獄屋に繋がれたことは言うまでもない。彼は一六一六年頃に獄死した。

（3）　ジョン・マートン（John Murton, 1583–1625?）

ヘルウィスの後継者となったのがジョン・マートンである。マートンは一五八三年にゲインズバラに生まれたが、幼少年時代と青年時代の記録は残されていない。一六〇八年にオランダに渡った後に結婚して、毛皮商人として生計を立てていたことが、アムステルダム市に保存されている結婚登録台帳から明らかである。マートンはヘルウィスらと共に帰国し、ロンドン近郊で礼拝を守り、ヘルウィスの逮捕後に後継者となったが、一六一三年に逮捕されてコルチェスターの牢獄に投獄された。暗い独房の中で、彼の著述意欲は燃え上がり、王が権力をもって身体を牢獄に閉じ込めても、魂の働きを殺すことはできないことの良き証人となった。彼はインクの無い獄中で、ミルクびんを包んだ紙の一部を破って「こより」を作り、ミルクに浸して紙の上に書き、獄外の友人がそれを火で炙って判読し、三冊の著述を手伝うという方法で、獄外出版という離れ業をやり遂げたのである。彼はその著作の中で、いかなる人も信仰ゆえに迫害されてはならないこと、良心に基づく礼拝の自由は保障されるべきであること、良心の自由を抑圧することは神の意思に反することを強く訴えた。彼が獄死したのは一六二五年頃である。

マートンはその著作において、信教の自由の主張のほかに、信仰告白に基づくバプテスマを主張し、新生児洗礼反対の見解を明確にし、カルヴァンの二重予定説を否定し、普遍的贖罪説を説くアルミニウスの見解を弁護したゆえに、ジェネラル・バプテストとして認められている。

（4） スマイスとヘルウィスに見られるアルミニウス主義神学思想

スマイスが一六一〇年にアムステルダムのメノナイト・ウォーターランド派教会との合併を願い、二十箇条の「信仰告白」を添えて申し出たとき、ヘルウィスを中心とする十人の信者たちは、スマイスの転向に同意せず、合同に反対した。そして、イングランドへの帰国前に十九箇条の「信仰概要」を書き上げた。現存するこの二つの信仰告白文を比較分析すると、神学的相違はほとんど見出されず、むしろヘルウィスが「信仰概要」を起草する段階で、スマイスの書いた二十箇条の「信仰告白」を参考にして書いたことが明らかになる。

スマイスの「信仰告白」は、メノナイト・ウォーターランド派教会との合併を申し込む前に、一五八〇年に起草・印刷されている「第二ウォーターランド信仰告白」を受け取り、それを基礎資料として「信仰告白」を書き上げたと推定することも可能である。しかし、比較研究すると両者間では、その構成や字句表現がまったく異なっており、また「第二ウォーターランド信仰告白」の中に記述されている、宣誓すること、兵役に服すること、行政に参与することへの拒否に関する条文が、スマイスの告白文においてまったく考慮されておらず、また言及されていないので、基礎資料として参考にしたという推定は困難である。また一五二七年の「シュライトハイム信仰告白」に関しても参考にしたと考えることは難しい。

では、スマイスの二十箇条「信仰告白」とヘルウィスの十九箇条「信仰概要」に現れる神学思想が、カルヴァン主義よりもアルミニウス主義に近いのは何故かという問いが生じる。スマイスとヘルウィスは、どこで、どのようにしてアルミニウスの神学的見解に接したのであろうか。それは彼らがアムステルダムに滞在中の一六〇八年から一六〇九年にかけて、オランダの修正カルヴァン主義者であったライデン大学神学部の教授、ヤコブス・アルミニウスと、堕落前予定説を説いたカルヴァン主義者、神学部の同僚であったゴマール（Francis Gomar, 1563–1641）との間でなされた白熱した論争から、アルミニウスの神学的見解を学び取ったとする推定が正しいと思われる。オランダを沸かせたこの堕落前予定説をめぐる有名な論争は、一六〇三年に始まり、一六〇九年十月にアルミニウスが死亡するまでなされたのであるが、この論争こそがスマイスとヘルウィスの心を捕らえたのであり、彼らは論争から、アルミニウスの修正カルヴァン主義の神学的理解を受け入れたと考えるのが妥当であろう。

アルミニウスの死後、修正カルヴァン主義の支持者であるレモンストラント派とカルヴァン主義者の反レモンストラント派との間に論争が続き、その決着をつけるために開かれたのがドルト会議である。そして、一六一九年に五つの主要教理からなるカルヴァン主義の信仰箇条が決議・採択された。それがドルト信仰箇条である。その信仰箇条は、（一）人間の全面的堕落、（二）神による無条件の選び、（三）キリストの限定贖罪、（四）不可抗の恩恵、（五）聖徒の堅忍（信仰者の信仰が神により保持されること）の五項目にまとめられた。それに対するアルミニウス主義の教理内容は、（一）人間の堕落は全面的なものではなく一部分的堕落であること、（二）神による無条件の選びではなく、信じる者のみが救われる条件的選びであること、（三）キリストの贖罪は選ばれた人々にのみ限定的効力を持つのではなく、キリストを信じるすべての人に開かれていること、（四）人間は恩恵を拒むこともできること、そして（五）救われた者の堕落と滅びの可能性もあること、の五項目にまとめられる。

このアルミニウスの神学的立場に立って、信じる者すべてに開かれたキリストの普遍的贖罪説を信じ、信仰を告白したので、ヘルウィスやマートンたちの形成した教会はジェネラル・バプテスト派と呼ばれている。

（5）　初期ジェネラル・バプテスト派の帰属教会探求

ヘルウィスの後継者となったジョン・マートンも投獄されて死亡したが、指導者を失った信徒の群れは、その後どのような道をたどったのであろうか。マートンを失った一六二五年頃から一六三〇年にかけて、教会はロンドンとその周辺に点在する五つの教会に増加している。そしてその五教会がアムステルダムのメノナイト・ウォーターランド派教会と文通していたことが、メノナイト教会の記録保管室に残っていた資料の発見によって明らかにされた。ヘルウィスとマートンの相次ぐ投獄によって団結の中核を失った五教会は、スマイス牧師と信徒たちが合同したアムステルダムのメノナイト教会と合併する可能性を探ったのである。

両者間に交換された手紙を調べると、五つのバプテスト教会の神学的思考の基盤はヘルウィスの著作にあることがわかる。文通の結果、メノナイト教会の代表から両者の相違点、すなわち宣誓、兵役義務、行政参与への拒否の三点が指摘され、それを承知の上でメノナイトの信仰的立場へ転向できるか否かを問われたとき、彼らはヘルウィスが十九箇条「信仰概要」その他で著述した神学的見解と、マートンが獄外出版した三冊の著作に表現されている信仰的立場を学んだと思われるが、最終的にはメノナイト・ウォーターランド派教会との合併を放棄したのである。彼らは合併の可能性を求めて文通を始め、その過程で逆にバプテストとしての独自性に目覚め、バプテストとしてのアイデンティティを深めていったと言える。

以上、ジェネラル・バプテスト派の起源について述べたが、一六三〇年以降のジェネラル・バプテスト教会の発展に関しては第三節で後述する。

第二項　パティキュラー・バプテスト派の起源

イングランドにおける最初のバプテスト教会の誕生は一六一二年であり、歴史的に重要な意味を持つが、ジェネラル・バプテスト派以上に歴史的に大きく発展し、十八世紀以降にバプテスト教会の主流をなしていったのは、パティキュラー・バプテスト教会である。したがって、この項では、パティキュラー・バプテスト派の起源についての記述により多くの頁数を割くことになる。「パティキュラー」という形容詞には、「特定」、「限定贖罪説」、「限定贖罪主義」などの訳が試みられてきた。それはこの教会が、特定の限定された人々へのキリストの贖罪を説いたカルヴァン主義神学に立っていたからであるが、この教派がどのようにして歴史の舞台に踊り出たのか探求すると、パティキュラー・バプテスト派誕生の母胎となったＪＬＪ教会と呼ばれる教会の存在が明らかになる。この教会の形成に大きな役割を果たした三人の牧師、ジェイコブ、ラスロップ、そしてジェシー牧師のイニシャルを取って、後にＪＬＪ教会と呼ばれるようになったのであるが、三人の牧師と彼らによって形成された教会の性質についての記述から始めることにしよう。

（1）　ヘンリ・ジェイコブ（Henry Jacob, 1563–1624）

パティキュラー・バプテスト教会の母胎となったＪＬＪ教会の初代牧師ヘンリ・ジェイコブは、オックスフォード大学在学中に、ピュリタン思想から分離派の神学思想に移行したフランシス・ジョンソンと一五九六年に出会い、議論を重ねている。しかし、ジェイコブはその時点では分離派の厳格な国教会批判に賛成できず、より寛容な立場を主張した。

ジェイコブは国教会に留まりながら、どのような教会の運営形態が聖書の教えにかなっているかを追求し、結論としては会衆主義教会であるという点に至り、国教会の改革を訴えるピュリタンの「千人嘆願」に積極的にかかわった。一六〇三年、ジェイコブは国教会の改革を訴える小冊子を発行して、ロンドンの主教から審問を受け、牢獄に数カ月入れられるが、二度と小冊子を発行しないという約束で自由の身となった。

釈放後、ジェイコブは信教の自由を求めてオランダへ渡る。そして、一六〇五年に、オランダのミッデルビュルヒに移住し、さらに一六一〇年、オランダのライデンに居を構えたジェイコブは、約六年間、ジョン・ロビンソン(1575?–1625)を牧師とする分離派教会の人々(後にメイフラワー号でアメリカ新大陸に出航するピルグリム・ファーザーズ)と共に過ごし、ロビンソンと神学的議論を重ねて、彼から分離派教会観の影響を受けたことは、一六一〇年から一六一三年までの間に著述した教会論の中で、体制的な国教会を会衆主義的方向で教会改革する思考が基本になっているのでわかる。

一六一六年、厳格な分離派よりも穏健な分離派思想をもってイングランドに帰国したジェイコブは、ロンドン市内のサウスワークに非合法的な秘密集会を開始し、そこに会衆主義教会を組織した。この教会がどのような性格のものであったかは、学者の意見が分かれるところである。C・バーレイジ、R・G・トーベットは非分離派のピュリタン教会あるいは会衆主義教会と呼び、B・R・ホワイト、M・トルミー、H・L・マクベスは独立派会衆主義教会、あるいは準分離派教会とみなし、S・A・ヤーボローは穏健な分離派教会と主張する。この教会をどのように性格づけようとも、ジェイコブがピュリタン分離派の会衆主義教会観を受け入れていたこと、またジェイコブ教会の信徒たちが国教会に属するピュリタン信徒たちと交わることを容認していた点、すなわち、より寛容な立場を取り続けたという点に関しては、歴史学者たちの見解は一致している。これはバプテスト派に属する者にとって重要な意味を持つ。なぜならバプテスト派の教会観に、ジェイコブを通して分離派の教会観が決定的影響を与えたことを意味するからである。

ジェイコブは教会設立六年後に国内の厳しい迫害を逃れて、信者の一部と共に信教の自由を求めて、アメリカのヴァージニアへ渡航したが、一六二四年にジェームズタウンで死去している。

（2）　ジョン・ラスロップとヘンリ・ジェシー

二代目の牧師、ジョン・ラスロップ（John Lathrop）は一六二四年に迎えられ、ジェイコブの教会形成路線を守るのであるが、やがて一六三二年四月に捕らえられ、獄中で過ごす身となる。彼の在任中の一六三〇年と彼が獄に捕らわれていた一六三三年に、教会が国教会に属するピュリタン信徒に対して寛容な立場を取っていることを批判し、より厳しい分離派の立場に転向することを願って、二つのグループが教会より離脱するという出来事が生じた。ラスロップは獄中で妻の死の悲報を告げられ、獄中にあってはもはや牧師としての仕事ができないと考え、牧師辞任の決意を申し出て、一六三四年に教会の承認を得た。その後、信徒約三〇人と共に信教の自由を求めてニューイングランドに出航するのである。

ラスロップがアメリカに去ってから牧師不在のときが約三年続いたが、三代目の牧師ヘンリ・ジェシー（Henry Jessey, 1601–1663）が招聘されたのは一六三七年のことである。ジェシーはケンブリッジ大学に学び、一六二三年に卒業後修士課程に進み、修士の学位を得て、一六二七年国教会牧師として按手礼を受け、一六三七年の夏にＪＬ

J教会から招聘を受けて牧師に就任する。ジェシー牧師は前任の牧師たちの寛容路線を受け継ぎ、教会を守ったのであるが、その間に一六三八年、信徒の離脱問題が生じた。この離脱グループがパティキュラー・バプテスト教会誕生への道筋において大きな意味を持つのである。

JLJ教会は一六四〇年、信徒数が増加して二つのグループに分かれる。一つの群れではジェシーが牧師となり、もう一つの群れではベアボーン（Praise-God Barebone, 1596–1679）が指導者となる。ベアボーンは老齢に至るまで宣教を続け、一六七九年に天に召されたが、ジェシーは一六四五年にはハンザード・ノーリス（Hanserd Knollys）から浸礼を受けて、バプテスト派に転向する。

第三項　パティキュラー・バプテスト教会の誕生への道筋

（1）パティキュラー・バプテスト派誕生の道筋を語る文献について

パティキュラー・バプテスト教会の起源に関する実証的研究は、『ジェシーの記録』（*Jessey Record*）と『キッフィン原稿』（*Kiffin Manuscript*）の実在によって可能となった。この貴重な歴史的資料を研究し公にした人物は、イングランドのW・T・ホイットレーとアメリカのC・バーレイジであり、両者による研究と出版によって後に多くの研究がもたらされた。『ジェシーの記録』と『キッフィン原稿』には未だ謎の部分も残されているが、パティキュラー・バプテスト派の誕生の道筋が描かれているという意味で重要な文献である。

この二つの文献は現在もオックスフォードのバプテスト系神学大学であるリージェントパーク・カレッジの図書館に現存しており、図書館の重要文書保管室に細心な注意の元に保管されている。どちらもベンジャミン・スティントンによって筆写されたものであるが、原本は失われて現存しない。この両文献は、スティントンによって一冊のノートに筆写されており、そのタイトルの頁には、「イングランドの新生児洗礼反対者に関する種々の歴史的事柄の宝庫（*Repository*）。原本あるいは忠実な抜き書きから集められたもの。一七一二年。私はこの収集を一七一〇年から一七一一年にかけて行なった」とあり、第一文献が『ジェシーの記録』、第二文献が『キッフィン原稿』なのである。

第一文献『ジェシーの記録』の書き出しに「非国教徒たちによる古き教会の記録。その教会からロンドンにおける独立派教会、またバプテスト教会の多くがはじめて生まれた。リチャード・アダムズ氏から私が受け取ったH・ジェシーの文献からのものである」とあるので、ジェシー牧師が書いた『ジェシーの記録』をスティントンが重要文献とみなし、筆写したと考えることが自然であろう。第二文献『キッフィン原稿』の原本筆写は、W・キッフィンなのか、H・ジェシーなのか、それともその他の人物なのか学者の見解が分かれるが、W・キッフィンが妥当と筆者は考えている。

（2）　両文献が語るパティキュラー・バプテスト派誕生の道筋

両文献が語る重要なことは、第一に、一六三三年、JLJ教会から数人の者が離脱したことが書かれていることである。この出来事について両文献を比較検討してみると、（一）JLJ教会からの離脱理由は、国教会に属するピュリタンに対するJLJ教会の寛容さに対する不満があったこと、（二）離脱者は、パーカー、ルーカー、イートンら数名であったこと、そして、離脱グループがより厳格な分離派の立場に移行しようとしたことが明らかになる。

第二に、一六三三年の教会離脱者たちは、ピュリタンとの交わりを拒否し、イートンを中心に、分離派の立場に近い会衆主義的独立教会を形成したことである。興味深いことは『ジェシーの記録』に、後になってイートンが「他の何人かと一緒に、さらなるバプテスマ（a further baptism）を受けた」と書かれていることである。この再洗礼は信仰者へのバプテスマと解釈される。

第三に、『ジェシーの記録』と『キッフィン原稿』が語る一六三三年に続く離脱の出来事は一六三八年に生じた。両文献を比較検討してみると次のことが明らかになる。すなわち、国教会への寛容路線を批判し、ＪＬＪ教会から六名が離脱し、スピルズバリー（J. Spilsbury）が牧会する教会に加わったことである。もう一つの離脱の理由として『キッフィン原稿』に明白に述べられていることは、「バプテスマは新生児のためにあるのではなく、信仰を告白した信仰者のためにあると確信したから」というものであった。

ＪＬＪ教会から一六三〇年、一六三三年、一六三八年と離脱者が続いて出たのであるが、一六三八年の段階ではじめて、新生児洗礼の否定が打ち出されたのである。そして、その主張を持つ彼らをスピルズバリー教会が受け入れたということは、一六三〇年から一六三八年の間に、その発生母胎はわからないが、スピルズバリーが牧会する教会がすでに誕生しており、彼らは信仰告白に基づく信仰者が構成する教会という分離派の教会観における礼典論を、バプテスマに関する理解において改正を加え、信仰共同体の中には、信仰告白が不可能な新生児を排除するという神学的理解を確立していたから受け入れたということになる。

この一六三八年に関する記事は、ＪＬＪ教会の寛容な立場を批判して、厳格な分離派への接近をはかった離脱グループが、分離派の許容する新生児洗礼を批判することにより、分離派とは袂を分かつようになったことを意味する。彼らが達した結論は、ジェネラル・バプテスト派の先駆的人物、イングランドのジョン・スマイスの達した結論と同じである。スマイスは分離派の牧師としてオランダに渡り、聖書研究の結果、新生児洗礼否定の見解に至り、分離派を解散して、灌水礼方式の自己洗礼の後に、信仰告白に基づくバプテスマを信徒たちに授け、新しいバプテスト教会を形成した。彼らはその当時オランダを沸かしていた議論、すなわちカルヴァン主義神学者、ゴマールとカルヴァン主義修正神学者、ヤコブス・アルミニウスの論争を知っており、アルミニウスの説く普遍的贖罪説を取り入れて、ジェネラル・バプテスト派を形成していったのである。

しかし、JLJ教会から離脱したグループがスピルズバリー教会に合流し、新生児洗礼否定と信仰告白に基づくバプテスマの正しさを主張したとき、彼らはイングランドに住んでおり、アルミニウス神学には影響されず、教会論を除く基本的教理は、カルヴァン主義神学に立っていたために、ジェネラル・バプテスト派とは異なるパティキュラー・バプテスト派を形成していったのである。パティキュラー・バプテスト派が礼典において徹底することを願ったのは、バプテスマの様式であった。そして彼らは浸礼（全身を水中に沈めるバプテスマ様式）を実践したのである。

（3）　浸礼の実践とパティキュラー・バプテスト教会の誕生

この浸礼の実践の経緯を語る重要な文献は『キッフィン原稿』である。『原稿』の記事の中には謎の部分もあり、それゆえに学者たちの議論を生むのであるが、『原稿』の語るところでは、JLJ教会から離脱したグループの中の一人、リチャード・ブラント（Richard Blunt）が、一六四〇年、浸礼に関する確信を深め、JLJ教会のジェシー牧師と話し合った上で、一六三三年の離脱グループおよびスピルズバリー教会（この教会は一六三八年にJLJ教会から離脱者六名を受け入れている）の友人たちと浸礼について話し合い、その結果、バプテスマの様式は全身を水中に沈める浸礼が最善という結論に至ったのである。その正当性を裏づける聖書の言葉として、コロサイの信徒への手紙二章一二節とローマの信徒への手紙六章四節が選ばれた。そこから、浸礼こそが原始教会の実践であり、また新約聖書の教説であるという確信に至り、新約聖書の教えと実践の上に、彼らの教会を形成しようと決心したのである。

ブラントらは浸礼の具体例をイングランド内に求めたが、彼らの限られた情報の中では得られず、やがてオランダのある信仰団体が浸礼を実践しているという情報を得て、オランダ語を理解するリチャード・ブラントが教会からの信任状を携えて、一六四〇年オランダに赴いたのである。ブラントが快く迎え入れられ浸礼について学んだ信仰団体は、オランダのリンズバーグ派（リンズバーグという地名に由来する名称）あるいはカレッジ派（彼らが自分たちの信仰団体を「カレッジ」と呼び、学校を建てたことに由来する名称）と呼ばれるものである。バーレイジの研究によると、彼らはオランダ改革派（カルヴァン主義）教会の中にあって、神学をアルミニウス主義の方向に改革しようとした分派、レモンストラント派の支流であり、浸礼を実践していた。ブラントが派遣されて行ったとき、ジョン・バッテンが彼らの指導者であり、ブラントはバッテンから指導を受けて、一六四一年に帰国した。

ブラントによって浸礼に関する報告がなされると、ブラントを派遣した群れは、浸礼実践の前に会合を重ねて、全員が納得するまで話し合い、全員の合意の上で一六四二年一月、まず群れの指導者となっていたブラックロック（S. Blacklock）にブラントが浸礼を授け、それからブラックロックがブラントに浸礼を授け、そのあと二人で信仰を共にする仲間に浸礼を授けたと『キッフィン原稿』には述べられている。このようにしてパティキュラー・バプテスト教会が誕生したのである。

パティキュラー・バプテスト教会の誕生にかかわった人々の社会的職業については大西晴樹氏の研究によって明らかにされている（イートンはボタン製造工、スピルズバリーは靴下製造工など）。このことは、教派誕生のときから信徒が福音宣教にかかわっていたことを物語る（大西晴樹著『イギリス革命のセクト運動』、一七四頁参照）。

（4）「ロンドン信仰告白」の公表

一六四二年に浸礼を実践したブラントらは、他教派からの厳しい批判や誤解を受けながら伝道を続けた。宗教的迫害が続く中で七つの教会をもつようになった彼らは、七教会共通の信仰告白を作成して、一六四四年にロンドンで公表した。その信仰告白に大きな影響を与えたのは、分離派の神学的理解である。彼らの発生母胎であったＪＬＪ教会は、既述したように非分離派のピュリタン教会、準分離派教会、あるいは独立派会衆主義教会などと呼ばれた信仰団体であり、神学的理解においてピュリタン分離派とは近い教会であった。それゆえに、彼らがＪＬＪ教会から離脱した後に、パティキュラー・バプテスト教会を形成し、「ロンドン信仰告白」を作成する際に、モデルとして一五九六年の分離派の信仰告白「真実の告白」（*A True Confession*）を用いたのである。「ロンドン信仰告白」の作成者たちは、分離派の信仰告白をまずモデルとして受け入れ、それに修正を加え、また彼ら独自の条文を加えながら、分離派とは違うバプテスト派の信仰告白を作成しようとした。この経緯を調べてわかることは、パティキュラー・バプテスト派は誕生の当初から分離派の神学的影響を強く受けていたということである。

「ロンドン信仰告白」が特に分離派の「真実の告白」に依存し、影響を受けた神学的内容は何であったのか。それは比較研究によって明らかになるのであるが、神論（神の三位一体性、キリストが預言者・祭司・王として三重の聖務をもって受肉した神の御子であること）、そしてドルト信条の信仰箇条（人間の全面的堕落、神による無条件の選び、キリストの限定贖罪、不可抗の恩恵、聖徒の堅忍）であり、また教会論である。神論とドルト信条の信仰箇条はカルヴァン主義神学に立脚しているので、これらを受け入れた彼らがカルヴァン主義的バプテストあるいはパティキュラー・バプテストと呼ばれるようになったのは当然である。

分離派からの神学的影響の中で、最も重要なのは教会論である。「ロンドン信仰告白」には、第三三条から第四七条までが教会に関する条項であるが、そこに分離派の教会論が反映されている。すなわち教会は見える教会（visible church）、見える信仰者の群（believers' church）であり、教会はその頭であるキリストの体であり、主の命令と礼典に喜んで従う信仰共同体であると述べられている。

分離派は「見える教会」において、他の教会あるいは世俗的・宗教的権威（国王、教皇、大司教など）から支配・干渉されることのない各個教会の自治と独立を主張しようとした。各個教会の自治独立権が確立されるためには、信徒が構成する教会の信者総会が最高の決議機関であることが明確にされていなければならない。分離派の「真実の告白」（二四条）が「ロンドン信仰告白」（四二条）に受け入れられ、教会における権限の行使は、牧師あるいは役員ではなく、全会衆に（すなわち全会衆の最高決議機関である信者総会に）与えられているという会衆主義教会の根本原則を、分離派からバプテスト派は受け入れたのである。

それでは、バプテスト派としての独自性は教会論においてどのように表現されたのであろうか。それは独自に書き加えられた第三六条から四一条に表現されている。第一は、会衆の上に権力を振るうことなく、また会衆から遊離せず、会衆の一人として、キリストと会衆に仕える役員（牧師と執事）の性質である。役員の奉仕的職務への任職権は全会衆にある。礼典の執行を誰に委ねるかに関しても、会衆が決定権をもっているので、会衆が（信者総会が）決議すれば、いかなる「宣教する弟子」も礼典の執行は可能である。これはミニスター（牧師）が任命されるまで、礼典が執行されることはないとする分離派とは違うところである。会衆が役員を指名・選任し、教会の職務を委託して、役員の指導に従う会衆主義教会においては、信者間には身分的上下はありえない。教会外からの支配・干渉を排し、自治・独立権を確保した各個教会が、教会運営（礼拝と礼典執行を含めて）に関しても、会衆主義を徹底しようとしたところに、パティキュラー・バプテスト派の独自の特色があると言える。

第二の独自性は、各個教会の信徒が、強制によってではなく自発的意思で（すなわち献金で）牧師を支えることにより、また信徒が少数で牧師を支えることができないときは、牧師自身が働いて足りない分を補うことにより、教会外からの支配・干渉を排し、教会の自主独立権を守ろうとしたことである。これは国教会の牧師が国家から給与を受けて、国家公務員的性質をもっていたゆえに、行政府からの支配・干渉を必然的に受けていた牧師のあり方に対する拒否を意味する。ここに、各個教会の自治と独立を保ち、会衆主義中心の教会を守るために、会衆の責任を明らかにし、牧師の生活を支えようとしたパティキュラー・バプテスト派の特色がみられる。

第三の独自性は、バプテスマに関する条文（第三九と四〇条）にみられる。第三九条においては、バプテスマが信仰告白をした者に施されると述べられている。ここに新生児洗礼の否定に関する表明は無いが、暗に否定されている。ここに分離派との決定的な相違が明らかになる。分離派は新生児洗礼を旧約における割礼との類比によって肯定し、旧約の民が神との契約のしるしとして行なった割礼、それが新約の民においては神との契約のしるしとしての新生児洗礼に置き換えられたと主張する。しかし、パティキュラー・バプテスト派は割礼の代わりとなるような新生児洗礼を認めないのである。

第四〇条において、「バプテスマの様式は全身が水の中に沈められる浸礼である」と述べられていることにより、当時頭に水を振りかける様式でバプテスマを執行していたジェネラル・バプテスト派とも異なるパティキュラー・バプテスト派の独自性が示されたのである。そして、第四〇条で、バプテスマはしるしとして、その意味するところが伝えられねばならないこと、すなわち（一）聖徒たちの死、埋葬、復活に関する意味、そして（二）復活の確認が述べられることにより、パティキュラー・バプテスト派のバプテスマ理解の独自性が、特に（一）において明らかになる。信徒の死はキリストの死の中への死であり、埋葬はキリストと共に葬られることであり、復活はキリストの復活において先取られ、約束されていることを聖書の使信から信じて、キリストと共に甦ることである。そして、信徒たちが古い不信仰の自分に死に、古い自己中心の自我を葬り、新しい信仰と希望と愛に生きる自分になったという自己における死と埋葬と復活という内的事実を、目に見えるしるしとして表現するのに、全身が水の中に沈められる浸礼の様式に優るものがないことを「ロンドン信仰告白」において主張したのである。

第四に、分離派にはないパティキュラー・バプテスト派の独自性を示すものは、教会論の延長線上にある諸教会との連帯と協力である。パティキュラー・バプテスト派に対する誤解と批判への反論として作成された「ロンドン信仰告白」は、結果的には諸教会の連帯の基盤としての信仰内容の表明となり、またそれは同時に協力の最初の実りともなったのである。そして、今後教会が直面する種々の問題を協議し、弱い教会を精神的・経済的に支援し、また諸教会が互いに助け合い、便宜をはかり合うことの必要が洞察されたのである。第四七条はそのような洞察と知恵から生まれた条文であり、その後、パティキュラー・バプテスト派において発展してゆく「地方連合」の基盤が据えられたと言えるのである。

最後に指摘されなければならない「ロンドン信仰告白」における独自性は、分離派よりも積極的に、政教分離の重要性をパティキュラー・バプテストたちが訴えた点である。すなわち、法律が議会で制定され、行政官によって執行されるにしても、法律が良心に反する内容である限り、積極的に法律に従うことはできないという表明である。また、国家が神の御旨に反する教会法を制定して人間の良心が欲する礼拝の自由を侵害してはならないことを暗に訴えている点である。秘密集会に対する厳しい監視と、牧師および信徒への迫害が続く中で、これらの主張を語るだけでも勇気を要することであった。迫害下にクリスチャン同志の信仰の交わりを深め、キリストに服従する道、すなわち人よりも神に従う道の大切さを述べた彼らは、後になって大胆に政教分離の原則と良心の自由が保障される社会実現のために、強力に主張し、闘うようになるのである。

「ロンドン信仰告白」は神論と人間救済に関してはカルヴァン主義神学の影響を受け、会衆主義教会論を分離派から受け継ぎ、その教会論における役員の性質と信徒の責任に関して、各個教会の自治・独立性を守る線上で徹底を期し、礼典論におけるバプテスマの様式を浸礼とすることによって、パティキュラー・バプテスト派の独自性を打ち出した。この「ロンドン信仰告白」は、パティキュラー・バプテスト派諸教会が共有する信仰の基盤を明らかにしたという意味で重要である。「ロンドン信仰告白」は一六四六年に改定され、さらに一六五一年、一六五二年と、わずかではあるが改定されている。これはバプテスト派の生み出す信仰告白が、決して改定が許されない信仰の基準（信条、教義《ドグマ》）なのではなく、時代の要請の中で常に新しく問い直され、また書き直されていく性質のものであることを示している。

第三節　ジェネラル・バプテストとパティキュラー・バプテスト教会の発展

第一項　ジェネラル・バプテスト派の発展

（1）　最初の地方連合の発足

一六一二年に最初のバプテスト教会がロンドン郊外に形成されて後、約四〇年の間に、イングランドは政治的に大きく揺れ動いた。ジェームズ一世（在位一六〇三―一六二五年）からチャールズ一世（在位一六二五―一六四九

クロムウェル（Oliver Cromwell, 1599–1658）（小嶋 潤『イギリス教会史』刀水書房, 1988, p. 134）

年）へと王制が移ったとき、カンタベリー大主教ロードによるピュリタン迫害は激しく行なわれた。やがて一六四二から四九年の間に内乱が起こり、王党と議会党が武力をもって抗争したが、オリヴァー・クロムウェル（Oliver Cromwell, 1599–1658）の勢力が台頭し、彼の率いる鉄騎隊の勝利によって王党は破れ、一六四九年にチャールズ王が処刑されて、共和制が成立した。共和制は一六五〇年から始まり九年間続いたが、この時期に信教の自由が大幅に認められ、バプテスト派は活発な伝道活動を開始した。

この共和制時代にジェネラル・バプテスト派最初の地方連合がイングランドの中心部であるレスター付近で結成された。一六五一年に三〇の教会から派遣された二人ずつの代表が集まり、連合を組織し、協力伝道と貧しい人々への援助などを協議したが、この連合結成会議でなされた最も重要な決議は、「初代の型にならって集会する三〇教会の信仰と実践」と呼ばれる信仰告白を採択したことである。

この信仰告白が重要なのは、ジェネラル・バプテスト教会が連合の名で公表したはじめての告白文だったからである。この信仰告白は、一六一一年にヘルウィスが中心となって起草した「信仰宣言」と基本的に一致するものであり、文章は簡潔で七五条からなっている。この信仰告白の四八条には、「バプテスマの方法と様式は水の中に沈められる浸礼である」と明記されている。それは一六一二年以来の灌水礼方式が、この年代になって、パティキュラー・バプテストの影響により、浸礼の形式に変わっていたことを物語っている。

（2）　クエーカーの出現とジェネラル・バプテスト派の対応

クロムウェルの共和制時代（一六五〇―一六五八年）には、信仰に対する寛容な政策が行なわれた。この機会をとらえて、首都ロンドンに積極的伝道戦略を立てたのが、クエーカーの創始者、ジョージ・フォックス（George Fox, 1624–1691）である。彼は一六四六年に「生けるキリストの内なる光」を体験し、教会の聖礼典によらずとも、神の救いにあずかることができるという原理に立って、沈黙時間の長い、しかも聖霊に促されたら、だれでも自由に語ることができる形式ばらない礼拝を生み出した。彼は信仰によってのみ人が義とされることを認めるが、信仰による救いの確信は聖霊による内的証示によって与えられると主張した。また聖書を重んじたが、信仰の最終的よりどころは「内なる光」であるとフォックスは説いたのである。

一六四七年から集会を始めたフォックスは四九年にロンドンで伝道を開始し、一六五三年には三〇の集会所、五四年には六〇を超える集会所にまで増加させた。やがて公の大伝道集会が行なわれるようになると、ロンドンを中心とするバプテスト教会の指導者たちは、早急にクエーカー対策を講じる必要に迫られ、クエーカーの教理的間違いを明確にし、またバプテスト派の信仰告白を起草して、それを公にする決議をした。そして生まれたのが一六五四年の「聖書に従って宣言される真の福音的信仰」である。この信仰告白は、クエーカーの活動によって動揺している信徒を離脱から守り、バプテスト派の信仰を明確化する役割を果たした。

（3）　王政復古とピュリタン牧師への迫害

オリヴァー・クロムウェルによる共和政治は、彼の死（一六五八年）と共に崩れ去った。議会はフランスに亡命中のチャールズ二世を王位に迎えることを決議し（在位一六六〇―一六八五年）、再び王政の世となった。クロムウェルが組織した鉄騎隊は解散させられ、教会は主教政治に戻り、ピュリタン牧師の多くが投獄されるという事態に発展する。

バプテスト信徒の中にはクロムウェルの軍隊にあって勇敢な働きをしたものが多く、王政復古に対して批判的であったゆえに、バプテスト信徒は王政に対する危険分子であるという風評が立ち始めた。事実をゆがめた評価を正し、誤解を解くために、一六六〇年三月、ジェネラル・バプテスト教会の代表たちがロンドンに集合し、四〇名の署名をもって採択したのが「標準信仰告白」である。この信仰告白は早急に起草されたので、イングランドのジェネラル・バプテスト教会の全体を代表するものとは言い難かったが、一六六三年の総会が開かれた折、改訂がなされ、多数の同意と署名を得て、ジェネラル・バプテスト教会の標準的信仰告白となった。

第二項　パティキュラー・バプテスト派の発展

（1）　クエーカーとパティキュラー・バプテスト派の対応

パティキュラー・バプテスト派は首都ロンドンを中心として増加していったが、やがてイングランドの西部地区にも伝道が拡大されていった。西部地方で説教の賜物を発揮して精力的に伝道し、幾つもの教会を設立したのは、トマス・コリアーという信徒の説教者であった。ジェネラル・バプテスト派の発展の項で記述したが、クエーカーによる熱心な伝道は西部地区にもなされ、バプテスト信徒もこの新しい信仰運動に惹き寄せられていった。特に一六五五年にジョージ・フォックスが西部地区を訪れたとき、クエーカーの勢力がさらに増強したのである。そのような状況下で一六五六年九月、西部地区（サマーセット）地方連合の総会がブリッジウォーターで開かれた。第一の目的は、クエーカーの信仰に対するバプテスト信仰の明確化であった。第二の目的は、信徒の頭に手を置き祈る按手に関する議論に決着をつけることであった。トマス・コリアーが設立した教会が中心となって、「バプテスマを受けた信徒はすべて、聖霊を受けるために按手にあずかるべきか否か」という問題を一六五三年から五六年にかけて論じていたのである。西部地区の地方連合の会合でも信徒への按手が議題となり、解決が迫られていた。

ジェネラル・バプテスト派の信仰告白「真の福音的信仰」（一六五四年）の第一二条には、「神は浸礼を受けた信仰者に、信仰による祈りと按手を通して聖霊を与え給う」と明記されており、またクエーカーは「聖霊による内的証示」を強調したので、パティキュラー・バプテスト派の信徒たちが、祈りと按手により聖霊を受けることに関心を抱いたとしても不思議ではない。西部地区地方連合総会は、「サマーセット信仰告白」を採択し、聖霊を受けるためにすべての信徒に対して按手するとは明記せず、「イエス・キリストの教会は、会員の中からキリストによる賜物と資格をもった者を選出し、断食と祈りによって按手を授ける」（三一条）と表現して、按手の対象を限定し、全信徒への按手は行なわないことを決定した。「サマーセット信仰告白」は地方連合の名で公表され、神学的立場は「ロンドン信仰告白」に準ずるものであるが、文章表現はまったく自由に書かれている。信徒にも理解しやすく書かれたこの信仰告白は、クエーカー運動によって浮き足立っていた西部地区のバプテスト信徒たちの信仰を安定させ、全信徒への按手の問題をも決着させて、信仰による一致と団結を生み出す貴重な告白となった。

（2） 王政復古と非国教徒への迫害

オリヴァー・クロムウェルの死とチャールズ二世による王政復古は、イングランド国教会の権勢強化をもたらし、一連の法令が議会において議決され、福音主義的自由教会の活動は制限され、秘密集会禁止令が死刑の条文を削って復活した。ジョン・バニヤン（『天路歴程』の著者）が投獄されたのもこの時代である。

非国教徒への迫害がはげしくなると、逆に非国教徒の間に結合と団結が強まっていった。イングランド長老派教会、独立会衆派教会、バプテスト派教会は次第に接近するようになり、教派の壁を超えて教会の一致を見出そうとする活動や会合が見られるようになった。会合が積み重ねられてゆく中で重要な役割を果たしたのが、一六四七年の「ウェストミンスター信仰告白」である。これはスコットランドの公的な信仰告白となり、イングランドの議会でもわずかな修正だけで承認された。独立会衆派諸教会は一六五八年のサヴォイ会議において、「ウェストミンスター信仰告白」の一部を変更して、彼らの信仰告白として採用した。それが「サヴォイ宣言」である。

国教会からの圧力の下で、ロンドンとその周辺のパティキュラー・バプテストたちは、「ウェストミンスター信仰告白」を基調として、新しい信仰告白を作成する案を承認し、イングランド国内の諸教会に一六七七年のロンドン大会に代表を派遣するように要請した。ロンドンのペティ・フランス教会のウイリアム・コリンズ執事は、この大会に先立って「ウェストミンスター信仰告白」を慎重に研究し、バプテスト教会が伝統的に固持してきた告白を考慮し、修正を加えた信仰告白を用意した。ロンドン大会はコリンズの努力を感謝し、彼の用意した信仰告白を承認し、出席した代表者の名を連記して採択した。これが後に「第二ロンドン信仰告白」と名づけられたものである。

「第二ロンドン信仰告白」には、「ロンドン信仰告白」にはなかった聖書、聖日、結婚の項目が加わり、教会論はさらに詳細になり、主の晩餐に関しても明記されている。しかし、長老派の「ウェストミンスター信仰告白」が基礎資料となっているために、全体として「ロンドン信仰告白」よりさらにカルヴァン主義神学が表面化したことは事実である。しかしバプテストの信仰を貫くために、教会論に特に注意を払って独自の表現がなされていることは注目に価する。(一)信徒の構成する見える教会、(二)教会の役員は牧師と執事であること、(三)彼らが会衆によって選出される会衆主義、(四)み言葉の宣教が牧師に限定されないこと(全信徒祭司主義)、(五)各個教会の自治と他教会からの干渉の排除など、バプテスト主義が貫かれている。また教会の礼典に関しては、サクラメントという用語を避け、バプテスマについては新生児洗礼を否定し、浸礼を主張している。この「第二ロンドン信仰告白」は、一六八八年に再出版され、翌年開かれたパティキュラー・バプテスト派の総会において承認された。この信仰告白は、アメリカのフィラデルフィア地方連合に決定的影響を与えたという意味において価値ある歴史的所産である。

(3)　名誉革命と「権利の章典」

十七世紀のイングランドにおけるバプテスト教会は、宗教への非寛容政策と迫害の下で、信教の自由を求めて闘い続け、またクエーカーの出現に正しく対応し、また新生児洗礼反対と灌水礼あるいは浸礼の実践により、ヨーロッパ大陸のミュンスターで悲劇的最後をとげた過激な再洗礼派の群と同一視された誤解を解くために、また穏健な宗教団体であることを証明する必要から、優れた信仰告白を数多く生み出してきた。

チャールズ二世の子、ジェームズ二世(James II, 1633–1701、在位一六八五—一六八八年)が国民感情を無視して、国教会をカトリック体制に戻そうとする専制政治に対して強い反感が生じ、議会はオランダ総督ウイレムに使者を派遣した。一六八八年、ジェームズ二世が危機を感じてフランスに亡命し、いわゆる名誉革命が成立すると、議会はオランダからウイレムをイングランド国王に迎えいれた。その翌年に「権利の章典」が議会で承認され、また「寛容令」が成立し、カトリック教徒以外の非国教徒に礼拝の自由を許し、また国会議員となる資格を与えたのである。このようにして、バプテスト教会、長老派教会、独立会衆派教会など福音主義自由教会への迫害は終わりを告げた。

第二章の冒頭に、教会史の立場から巨視的に見れば、バプテスト教会は十六世紀のヨーロッパ大陸の宗教改革の潮流の中で、イングランド国教会の改革を徹底しようとしたピュリタン分離派を母胎として歴史の舞台に誕生したと言える、と書いた。

バプテスト教会の誕生と十七世紀バプテスト教会の発達についての記述を終えるに際して、バプテスト派は教会における信徒論に関しては、マルティン・ルターの万人祭司論の影響を受けたことにも言及しておきたい。

ルターの万人祭司論は、『聖職者叙任式について』、『教会のバビロン捕囚』などの中に述べられている。一四〇〇年の歴史の中で、ローマ・カトリック教会は教会の中に数々の身分制度をつくりあげた。その結果、聖職者は七つのサクラメント（秘跡）を司《つかさど》り、神の言葉を語る者となり、信徒は受身的にただ秘跡に与り、神の言葉を聴く者という状態になってしまったというのである。かつてユダヤの民がバビロニアに捕囚とされたように、教会の信徒たちもカトリック教会に捕囚とされてしまって、本来神の民として選ばれ、神の祭司という役割をこの世で果たすように求められているにもかかわらず、何の働きもできない状態に捕らわれてしまっているとルターは説いたのである。

ルターは五つのサクラメント（秘跡）を否定し、バプテスマと主の晩餐の二つのサクラメントを残したのであるが、ルターの改革によって形成された教会では、牧師に按手礼を授けて聖別し、礼典執行権を与えるという形で信徒とは区別される牧師集団を生み出したことは事実である。長老派教会もイングランド国教会も然りである。その結果、牧師と同じ宣教の使命がある信徒たちは、神の民の一員として、教会とこの世にあって大切な役割を果たすことが求められているにもかかわらず、聖職者と呼ばれる牧師たちによって、信徒の働きが再び教会の中に限定されてしまったのである。信徒たちは教会という限られた空間の中で礼拝し、祈り、牧師を助けて奉仕する者となってしまうのである。

しかし、バプテスト派は十七世紀の歴史に現れた時点で、万人祭司論の考えを実現しようとした。それを具体的に言うと、信徒は神学校で学び、資格を取って卒業し、按手を受けなくても、各個教会の信徒総会が賜物を認めるならば、教会で説教し、また礼典を執行できると考えたのである。チャールズ二世の治世下で、説教するバプテスト信徒は迫害された。ジョン・バニヤンは信徒として説教したために投獄されたが、獄中で『天路歴程』や『聖戦』などの優れた作品を書いているのが、良い例である。

バプテスト信徒はサクラメント（秘跡）は救いの手段ではなく、イエス・キリストを信じる信仰によってのみ神によって罪赦され、義とされると信じた。ルター派も、長老派も、イングランド国教会派も、ピュリタンも、分離派も礼典を執行したが、特別に按手を受けた人のみが礼典執行を許された。しかし、バプテスト派の人々は信徒総会で承認されれば礼典を執行できると考え、実行したのである。バプテスト派が生まれたとき、新生児洗礼を否定したり、信徒でも説教したり、礼典を執行したので、イングランドでは大きな批判を浴びた。バプテスト派の指導者となった人々の中には、ケンブリッジなどの優れた大学で神学を学んだ人もいたが、大学卒である必要はなく、皮職人、靴職人、靴下職人、ボタン職人、大工、教師など、この世の世俗的仕事に従事していた人たちもいた。彼らは聖書を熱心に読み、祈る敬虔な信仰の持ち主で、喜んで福音を証し、また説教の賜物が与えられていると教会で認められた人たちは、働いて自らの生活を支えながら、教会での説教や礼典執行の奉仕をしていたのである。福音宣教は全信徒に課せられた責任と受け取り、万人祭司論を実践において示して教会形成をしていったバプテスト派の伝道エネルギーが、その後アメリカにおいて爆発的に展開されていくことを思い、第二章「バプテスト教会の誕生と十七世紀バプテスト教会の発達」の記述を終えたい。

トピックス

用語・人物

（一）『ジェシーの記録』と『キッフィン原稿』について

筆者は第二節第三項で、パティキュラー・バプテスト教会の起源に関する実証的研究は、『ジェシーの記録』と『キッフィン原稿』の実在によって可能となったこと、そしてこの貴重な歴史的資料を研究し公にした人物は、イングランドのW・T・ホイットレーとアメリカのC・バーレイジであり、両者による研究と出版によって後に多くの研究成果がもたらされたことを述べた。両者の研究は下記の出版として結実している。

Champlin Burrage. *The English Dissenters*. 2 vols., 1912. Rev. 1969. pp. 302–05.

W. T. Whitley. *Transactions of the Baptist Historical Society*. Vol. 1. 1908–09. pp. 230–36.

ホイットレーは解説と詳細な註を付しているが、『ジェシーの記録』と『キッフィン原稿』は両著書において、その内容はまったく同じである。

（二）　リチャード・ブラントは浸礼を授けられて帰ったのか？

リチャード・ブラントは浸礼を授けられて帰国したか否かの議論がバプテスト史研究家の間にあったが、ブラントが訪ねた信仰団体はアルミニウス主義の立場のゆえにオランダ政府から迫害され、リンズバーグに移住したレモンストラント派であり、ブラントを派遣したグループはカルヴァン主義的神学の立場に立っていたので、ブラントは浸礼を受けずに、浸礼をバッテンから学んで帰国したとする考えが有力である。

（三）　筆写原稿『ジェシーの記録』と『キッフィン原稿』を残したスティントンとは？

『ジェシーの記録』と『キッフィン原稿』はベンジャミン・スティントンによって筆写されたものであり、一冊のノートに筆写されている。原本から筆写したスティントンは、一七〇四年にホースリーダウン教会の牧師となった人物であり、バプテストの歴史に強い関心を持ち、一七一〇年から一七一一年にかけて資料収集を行ない、その中から特に重要と思われる文献に番号を付しながら、ノートに筆写した。ノートのタイトルに「イングランドの新生児洗礼反対者に関する種々の歴史的事柄の宝庫（*Repository*）」と書かれていることから、この筆写原稿は *Repository* と呼ばれる。

スティントンは自らの手で「バプテスト史」を書く願いを持っていたと思われるが一七一八年に四二歳の若さで亡くなってしまった。この筆写原稿は不思議な経緯を経て、現在オックスフォードのバプテスト系神学大学であるリージェントパーク・カレッジの図書館で大切に保管されている。

読者への問いかけ

（一）　十七世紀のバプテストたちが十六世紀の宗教改革から継承した信仰的特質はどのようなものであったのか考えてみよう。

（二）　ジェネラル・バプテスト派とパティキュラー・バプテスト派の神学的違いは、どのような点に表れていたのか調べてみよう。

（三） パティキュラー・バプテスト派が分離派から継承した信仰的特質はどのようなものであったのか、またバプテスト教会独自の信仰的特質は何であったのかを考えてみよう。

参考文献

出村 彰『総説キリスト教史2 宗教改革篇』日本基督教団出版局、二〇〇六年。

出村 彰他編訳『宗教改革著作集 第八巻』教文館、一九九二年。

大西晴樹『イギリス革命のセクト運動』お茶の水書房、一九九五年。

斎藤剛毅『バプテスト教会の起源と問題』ヨルダン社、一九九六年。

斎藤剛毅編、高野進他訳『資料・バプテストの信仰告白（改訂版）』ヨルダン社、二〇〇〇年。

高野 進『近代バプテスト派研究』ヨルダン社、一九八九年。

M・トルミー（大西晴樹、浜林正夫共訳）『ピューリタン革命の担い手たち』ヨルダン社、一九八三年。

塚田 理『イングランドの宗教改革』教文館、二〇〇六年。

村椿真理『バプテストの教会契約』ヨルダン社、一九九三年。

山田園子『イギリス革命とアルミニウス主義』聖学院大学出版会、一九九七年。

Burrage, Champlin. *The English Dissenters*. 2 vols., 1917. Rev. Cambridge University Press, 1969.

Bustin, Dennis C. *Paradox and Perseverance* (Hanserd Knollys, Particular Baptist Pioneer in Seventeeth-Century England). Paternoster, 2006.

Cross, F. L., ed. *The Oxford Dictionary of the Christian Church*. Oxford University Press., Rep. 1974.

Lumpkin, W. L. *Baptist Confessions of Faith*. Judson Press, 1959. Rev. 1969.
McBeth, H. Leon. *The Baptist Heritage*. Broadman Press, 1987.
Payne, Ernest. *The Baptist Union: A Short History*. C. Kingsgate Press, 1958.
Robinson, H. W. *Baptist Principles*. The Kingsgate Press, 1925.
Underwood, A. C. *A History of the English Baptists*. The Baptist Union, 1947.
White, B. R. *The Separatist Tradition*. Oxford University Press, 1971.
Whitley, W. T. *A History of British Baptists*. Charles Griffin, 1923.
Wright, Stephen. *The Early English Baptists, 1603–1649*. Boydell, 2006.

略年表

一五〇九年	ヘンリ八世の即位（在位一五〇九―一五四七年）
一五三三年	ローマ教皇への対抗措置として「教会税廃止令」を議会可決
一五三四年	議会は「首長令」を可決して、イングランド国王をイングランド国教会の地上における唯一の首長と宣言
一五三六年	「小修道院解散令」
一五三九年	「大修道院解散令」の立法化により修道院制度を廃止
一五四七年	エドワード六世の即位（在位一五四七―一五五三年）
一五四九年	「祈祷書」（トマス・クランマーの編纂）の発行
一五五三年	メアリ女王の即位（在位一五五三―一五五八年）とトマス・クランマーの殉教
一五五八年	エリザベス女王の即位（在位一五五八―一六〇三年）
一五五九年	「礼拝形式統一令」（プロテスタントへの復帰）
一六〇三年	ジェームズ一世の即位（在位一六〇三―一六二五年） 在位中に『欽定訳聖書』の発行
一六一二年	ジェネラル・バプテスト教会の誕生（ロンドン郊外）
一六二五年	チャールズ一世の即位（在位一六二五―一六四九年） 在位中にカンタベリー大主教によるピュリタンへの大迫害
一六四七年	クエーカー（創始者ジョージ・フォックス）の出現
一六五〇年	オリヴァー・クロムウェルによる共和制（一六五〇―一六五八年）
一六五一年	バプテスト地方連合の組織と「三〇教会の信仰と実践」の採択
一六四二年	パティキュラー・バプテスト教会の誕生（浸礼の実践）

一六四四年	「ロンドン信仰告白」の公表
一六六〇年	「標準信仰告白」（ジェネラル・バプテスト派）
	チャールズ二世による王政復古（在位一六六〇―一六八五年）
一六七七年	「第二ロンドン信仰告白」の公表（パティキュラー・バプテスト派）
一六八五年	ジェームズ二世の即位（在位一六八五―一六八八年）
一六八八年	名誉（無血）革命の成立
一六九九年	「権利の章典」をイングランド議会が承認

第三章　近世イングランドのバプテスト教会

第一節　時代背景

第一項　社会状況

十八世紀に入ると、バプテスト教会はいつのまにか、宣教活動よりも神学議論や教会の組織構築などに力を傾け、特にその前半は活力のあまり見られない停滞期を迎えた。

そもそもこの時代は社会全体が産業革命の急激な社会変化の中にあり、格差と貧困が支配していた。産業都市への人口流出があり、農村は貧しく、都市近郊の町々にも失業者が、家畜と同じ屋根の下に生活するような光景が随所に見られた。小説家ダニエル・デフォーが「交易は世界の富」と唱えたとおり、貿易は確かに当時のイングランドに大きな経済成長をもたらし、一七五〇年から三〇年間にイングランドは一大産業社会を形成し、農業革命も経験していた。石炭が採掘され、トマス・ニューコメン（Thomas Newcommen, 1663–1729）[一]による蒸気機関の改良がなされ、綿の交易によって、織物産業は黄金時代を迎えていた。この時代は、一方でイングランドはニューイングランドとの対決を深めていった時期であったし、フランスでは旧体制が崩壊しナポレオンが台頭してくる時代でもあった。

第二項　理性主義の潮流

十八世紀は宗教も理性主義に迎合するような傾向を見せ、前代までの宗教的確信や熱心さが啓蒙主義思想によって大いに揺さぶられた時代であった。ジョン・トーランド（John Toland, 1670–1722）の理神論（deism）『神秘的でないキリスト教』（一六九六年）や、マシュー・ティンダル（Mathew Tindal, 1657–1733）の『創造と同じほど古いキリスト教』（一七三〇年）などが広く読まれ、人々はデーヴィド・ヒューム（David Hume, 1711–1776）やジョーゼフ・バトラー（Joseph Butler, 1692–1752）の神学などを好んで読んだ。また他方でユニテリアン思想（一〇六頁参照）が広がり、その思想はジェネラル・バプテストに大きな影響を与えたが、伝統的キリスト教に対する攻撃や批判が一気に高まり、社会の急激な変化と世俗化の波に、キリスト教界全体がさらされた時代であった。バプテスト教会もその余波を受け、ランカシャーやヨークシャーをはじめ各地で停滞と混迷の時期を経験したが、十八世紀後半になると彼らは再び力を取り戻していった。

第三項　信仰覚醒運動

一七三九年以後になると、ウェスレーによる信仰覚醒運動が福音の息吹を呼び覚ましていったが、ジョン・ウェスレー（John Wesley, 1703–1791）、チャールズ・ウェスレー（Charles Wesley, 1707–1788）兄弟らによるメソジスト運動は、イングランド国教会だけでなく他の諸教会にも広がりを見せ、ジェネラル・バプテストにも、またパティキュラー・バプテストにも少なからぬ影響を与えていた。ドイツにおける敬虔主義は十七世紀の終わりには成立していたとされるが、イングランドではウェスレーらによって十八世紀にもたらされ、啓蒙主義の影響を退ける力となった。

　もっともジョン・ウェスレー自身は国教会を離れることなく、その内側で活動した。メソジスト運動はそもそも国教会の失われた魂の回復を目指すものであった。彼は修正アルミニウス主義的贖罪論、「自由なる恵み」（free grace）を展開し、カルヴァン主義の決定論的予定説（二）と対決したため、パティキュラー・バプテストはウェスレーにはじめは同調せず、その影響はほとんど見られなかったと言わなければならない。しかしメソジスト派の伝道者、ジョージ・ホイットフィールド（George Whitefield, 1714–1770）、また米国コネチカットやノーサンプトンなどで活躍したピュリタン神学者ジョナサン・エドワーズ（Jonathan Edwards, 1703–1758）らによって主張展開された信仰復興運動とその罪人を脅かす「怒りの神についての信仰」が明らかになると、これは多くのパティキュラー・バプテストにも受け入れられるようになり、パティキュラー・バプテストは自派創設当初の「新生者教会」（regenerate church）としての生命力をみごとに復活させていった。

第二節　反三位一体論者の影響

第一項　三位一体論への問い

　十八世紀に入ると、アリウス主義者（Arians）とソッツィーニ主義者らによるいわゆる「子の従属説」が再び唱えられるようになる。アリウス主義者とは、キリストの神性の十全性を否定し、御子を「神により造られた存在」と主張し三二五年のニカイヤ公会議で異端とされた信仰思想を唱える者たちであり、他方のソッツィーニ主義者（Socinians）とは、キリストの神性と三位一体論を完全に否定した十六世紀のレーリオ・ソッツィーニ（Lelio

Sozzini）の思想に倣《なら》う人々のことで、その当時はユニテリアン信仰の中に広く受け継がれていた立場であった。一六八七年、国教会の聖職者スティーヴン・ナイ（Stephen Nye, 1648–1719）が『ソッツィーニ主義者と呼ばれるユニテリアン小史』を出版すると、反三位一体論者の見解がいつのまにか社会に広がった。またケンブリッジ大学の数学教授であったウィリアム・ホイストン（William Whiston, 1667–1752）が一七一〇年に『初期のキリスト教の回復』なる書を出版すると、アリウス主義の解釈も同様に広がりを見せていった。こうした動きは理神論者の主張同様、十八世紀に再び現れた一種の合理主義的キリスト教解釈の試みであったといえる。

第二項　ソルターズホール討論

分離派(separatist)の間でこの三位一体論が大論争となった一七一九年、ロンドンのソルターズホール(Salters' Hall)で「この問題は聖書のみで決着がつくか」という討論会が開かれた。その際、この討論に参加した独立会衆派とパティキュラー・バプテスト派の多くは、「聖書だけでなくさらに三位一体論を告白する信仰告白の学びが重要」との見解を表明したが、一部の長老派とジェネラル・バプテスト派の多くの代表は、「聖書のみで十分」と明言していた。そしてこのときの一部の長老派とジェネラル・バプテスト派の人々が、やがてユニテリアン主義へと傾いていった。このジェネラル・バプテスト派の立場は、サセックス州ホーシャムのジェネラル・バプテスト派牧師マシュー・カフィン（Matthew Caffyn, 1612–1714）の議論、すなわち「三位一体論について議論するときは、聖書のみに基づいて議論すべきである」との考えに影響されていたものであったというが、「三位一体」という言葉自体が、そもそも聖書に出てこない用語であることが反三位一体論者の主張の元来の論拠であった。しかし正統的な三位一体論を堅持する立場からすれば、三位一体論は聖書の中に潜在的に含まれている（聖書自体が証言しようとしている）真理内容であると認識されていた。ところが当時、『聖書に述べられたキリスト教の合理性』を著したジョン・ロック（John Locke, 1632–1704）などが哲学の分野からも、アタナシウスやカルヴァンの神学によらず理性的に考えるならば、三位一体論はやはり支持できないなどと論じていたこともあり、反三位一体論的立場が一般により広く支持されていった。

こうした議論によって、ジェネラル・バプテスト派はやがて見解を異にするグループへと分裂していくことになるが、いずれにせよ同派は、元来のアルミニウス主義的贖罪論を採用し、神学的には比較的自由な主張を展開させながら、彼ら独自の教派を形成していった。

第三節　ジェネラル・バプテストの「ニュー・コネクション」

第一項　ミッドランドにおける信仰覚醒運動の影響

十八世紀、ジェネラル・バプテストはその多くがユニテリアンに傾斜していったが、その正統的信仰からの逸脱に反対したミッドランドの諸教会が、一六五〇年以後形成された旧地方連合（association）を脱退し、新しい団体を組織するに至った。それがニュー・コネクション（The New Connexion）と呼ばれた福音主義的ジェネラル・バプテストの新しいグループであった。ミッドランドにおいて信仰覚醒運動に大きな影響を与えた人物といえば、まずレスターシャーのデーヴィド・テイラー（David Taylor）を挙げなければならない。彼はそもそもウェスレー主義の熱心な賛同者であったハンティンドン伯爵夫人、セライナの使用人であったが、後にニュー・コネクションの重要なグループを構成するレスターシャーの会衆を生み出した。一七四五年、ファビスのバートンにテイラーの影響を受けた人々によりバプテスト教会が設立されたが、ここにはニュー・コネクションの有力なリーダーとなったサミュエル・ディーコン（Samuel Deacon, Sr., 1714–1812）も含まれていた。この会衆は一七五五年までに他のバプテスト教会との接触なしに独自に「信仰者バプテスマ」を採用するようになったと伝えられている。そしてその活動が近隣のノッティンガムシャー、ダービーシャー、スタッフォードシャーなどに広がると、新しいバプテスト教会が各地に形成され、彼らの教会は一七七〇年までに合計すると九〇〇名を超える会員を擁するまでに成長した。

第二項　ニュー・コネクションの設立

同時期、ときを同じくしてバートンの教会とは無関係に、ヨークシャーのハリファックスに、メソジストからバプテストへと改宗したダン・テイラー（Dan Taylor, 1738–1816）がいた。彼とその仲間は聖書を独自に研究し、新生児洗礼の歴史について研究するうちに、一七六二年、ついにバプテスト教会と同じ見解に到達し、近隣のパティキュラー・バプテストの幾人かの牧師に信仰者バプテスマを受けたいと願い出ることになった。しかしテイラー自身のアルミニウス主義的信仰理解を理由に、その願いは断られてしまった。しかし一人の牧師がリンカンシャーのジェネラル・バプテスト教会を紹介したので、テイラーたちは旅をして、ノッティンガムシャーのガムストンの牧師ジョーゼフ・ジェフリーズ（Joseph Jeffries）から一七六三年二月十六日、ついに近くの川で浸礼（immersion）を受け、ミッドランドのジェネラル・バプテスト諸教会に広く紹介されることになった。テイラーは同年五月リンカンシャーのジェネラル・バプテスト地方連合に加わり、まもなくギルバート・ボイス（Gilbert Boyce）から按手礼を受け、同年秋には南ヨークシャーのワーズワースに彼自身の教会を組織した。その最初の小さな教会は丘の斜面に建てられたため「バーチクリフ」（Birchcliff）と呼ばれた。

さてテイラーは、やがてリンカンシャー地方連合の霊的な沈滞状態に直面し、期待を裏切られる思いを深めていった。彼は独自の判断で、福音的な礼拝において讃美歌を女性も含めて高らかに歌うことを許可したり、特に問題を感じていたアリウス主義的信仰やソッツィーニ主義的信仰を排除し、三位一体論についても正統的信仰を保持しようと様々な試みを重ねたが、それらの取り組みはどれも旧来のジェネラル・バプテストとの緊張と対立をいっそう深めるものとなった。そこで翌年、ダン・テイラーは、サミュエル・ディーコンたちと会い、これまでのジェネラル・バプテストに霊的信仰が欠如していた事実、また伝道に対する熱意も失われている状況について話し合い、特に反三位一体論の動きにも警戒し、同志を結集し、新しい団体を創設する計画を進めることにした。その結果誕生したのがニュー・コネクションと呼ばれるジェネラル・バプテストの新団体であった。

テイラー（Dan Taylor, 1738–1816）
（*English Baptist History & Heritage*, The Baptist Union, 1990, p. 83）

テイラーらは一七七〇年六月六日、ロンドンのホワイトチャペルに約二〇人の牧師を集めこの新組織を結成した。彼らはウェスレーが始めたメソジスト運動のよい部分を受け継ぎ、その運動を一部模倣しながら新団体を組織運営し、体験的信仰（experimental religion）を重んじ、かつ初代教会の原型に倣った教会の形成を目指した。彼らは同年に六項目からなる信仰箇条（Articles of Religion）を採択しているが、それに同意し署名することがニュー・コネクションの一員となる条件とされた。

第三項　旧ジェネラル・バプテスト教会の衰退

一方、以前からの古いジェネラル・バプテスト地方連合（ニュー・コネクションとの比較で、オールド・コネクションとも呼ばれる）は、その後の教理論争や連合の古い制度の弊害、福音主義的伝道意欲をもつ牧師の不足やユニテリアン主義への傾斜などにより、全体的には弱体化の道をたどった。ユニテリアン主義への接近には、ブリストル・アカデミーの校長と深い関係があったジョン・エヴァンズ（John Evans）の影響が大きかったとされるが、事実ジョン・エヴァンズは三〇年間にわたり、ジェネラル・バプテストの牧師たちにソッツィーニ主義や非正統的な神学、また合理主義的信仰思想を熱心に説いていたと伝えられる。

一八〇一年、オールド・コネクションの人々はニュー・コネクションに対し、彼らが自らを「無償恩寵ジェネラル・バプテスト」（Free Grace General Baptists）と称していることについて疑問を投げかけ、アメリカやカナダの「自由意志バプテスト」（Free Will Baptists）との関係を問いただしたが、後には、普遍救済論者（Universalist）であったウィリアム・ヴィドラー（William Vidler, 1758–1816）などの影響を受けるに及び、さらに多くのジェネラル・バプテストの人々が自由思想家[三]やユニテリアン主義者へと転身し、バプテスト・ユニテリアン・チャペルが各地に建てられた。また彼らは長老派のユニテリアンたちともボストンやポーツマスなどで広く結びつき、共に活動した。

第四項　ニュー・コネクションの発展

これとは逆にニュー・コネクションは力強い発展を見せた。一七七〇年、彼らははじめは七教会で一〇〇〇名足らずの会員を保有していたが、一七八六年までに三一教会、一三五七人もの会員を持つまでに成長していた。讃美も正しく位置づけられて礼拝は活性化され、今日の日曜学校（Sunday School）のような活動も始められ、若者のための「信仰問答」（catechism）まで作られて子弟教育が熱心に取り組まれた。実は古いジェネラル・バプテスト地方連合では、礼拝で讃美歌を歌うことは「新約聖書の教会の実践に確認できない」といった理由から厳しく禁じられていた事情があった。しかしテイラーはこうしたことも自らの著書『神礼拝における讃美の論説』（一七八六年）を通じて反論し、讃美歌使用に積極的主張を展開していたパティキュラー・バプテストのベンジャミン・キーチ（Benjamin Keach, 1640–1704）などに倣い、果敢に礼拝改革を成し遂げた。新団体には新しい教会も加わり、やがてこの組織は予想を越えて大きくなったため北部と南部との連合に分かれたが、ロンドン近郊のマイルエンドにはダン・テイラーによる伝道者養成のための「ジェネラル・バプテスト・アカデミー」（General Baptist Academy）が創設され（一七九七年）、同派の情報やニュースを伝える『ジェネラル・バプテスト・マガジン』などが刊行され、その置かれた地域の新興産業都市で、時代の要請に応えるよい伝道活動を展開した。

その結果、ニュー・コネクションは後の一八一六年になると自らの「宣教会」（Missionary Society）を創設するまでに発展し、一八二〇年までに一〇〇教会、七〇〇〇名もの会員を擁するまでとなり、一八三二年にはその福音主義的姿勢から同様な国内外の宣教に力を注いでいたパティキュラー・バプテストとも友好関係を持ち、彼らの同盟に加盟するようになった（一八九一年「バプテスト同盟」大合同に関する、本章第七節第二項を参照）。

第四節　ハイパー・カルヴァン主義的バプテストと信仰覚醒運動

第一項　ハイパー・カルヴァン主義の起源とストリクト・バプテスト

ノーサンプトンシャー、ロスウェルの独立会衆派教会牧師リチャード・デーヴィス（Richard Davis, 1658–1714）は、ハイパー・カルヴァン主義（hyper-Calvinism もしくは high とも呼ばれる）の最も初期の提唱者の一人であったと推定される。デーヴィスは一六五八年カーディガンシャーに生まれ、ロンドンの公立学校の教師となるが、やがて説教者となり、一六八九年からワルグレイブ近郊ロスウェルの独立会衆派教会の牧師となった。そしてこの彼の教会は、当時きわめて広範囲にその影響を与えていたといわれる。この教会について伝える国教会側の資料によれば、ロスウェルにはデーヴィスが影響を与えた個々に専任牧師を持つ分離独立教会が一三存在したとされ、会員は二〇〇〇人から三〇〇〇人にのぼったといわれる。

デーヴィスは教会にとって力強い伝道活動こそが重要であると考えていたとされるが、やがてハイパー・カルヴァン主義の主唱者となる。そしてデーヴィスが形成した教会のいくつかが、後にバプテスト教会へと変わっていった。デーヴィスはもともとパティキュラー・バプテストのことを「新生児洗礼反対論者」（Antipaedobaptists）とみなし、彼の教会箇条（Church Articles）の中ではバプテスト教会と一線を画すことを表明していたが、その会衆の中にワルグレイブのストリクト（厳格）・バプテスト派の立場を受け入れた会員が現れ、そうした影響を受けて一七〇六年以後、ロスウェルの独立派の中からストリクト・バプテストとの自覚を持つに至った会衆がいくつか分かれていったのである。十八世紀はじめ、ロンドンのパティキュラー・バプテスト教会を支配したものは、まさにこうしたノーサンプトンシャーなどから広がった厳格なハイパー・カルヴァン主義であった。

十八世紀、ジェネラル・バプテストが比較的自由な考え方をしたのに対し、パティキュラー・バプテストは初めは保守主義へと向かった。この時代のハイパー・カルヴァン主義の神学は、宣教問題よりもカルヴァン正統主義神学に根ざした神学の再構築に関心を向け、伝道への熱意など失ってしまったかのように思われた。前述のように、この世紀はイングランドをはじめ全ヨーロッパが啓蒙主義、合理主義の嵐の中にあったのであり、世俗化と無力化のなかで信仰を堅持するためには保守的で厳格な方向に力を結集する以外、生き残る道はないかのように思われたのである。十七世紀末のストリクトで保守的なカルヴァン主義的バプテストたちの影響は十八世紀にも継承されたが、まさにハイパー・カルヴァン主義が広がったワルグレイブ近郊のケッターリング（Kettering）に生まれたジョン・ブライン（John Brine, 1703–1765）やジョン・ギル（John Gill, 1697–1771）などが中心となり、ハイパー・カルヴァン主義的なパティキュラー・バプテストを、一気に強固なものとした。

彼らはカルヴァン正統主義的二重予定説をいよいよ強化し、閉鎖陪餐（closed communion）の確立や閉鎖会員（closed membership）の徹底を求め、神の永遠の救いに選ばれていない者に対する宣教は一切不要であることを論じはじめ、それを強調するようになった。信仰者契約共同体の喜びの生活の中に、招かれていない人々をあえて招き入れる必要はまったくないというのがその論旨であった。一方に「神の令旨」（divine decrees）が存在するのであるから、不信仰な生活を送る人々が救いに予定されているのか否かなどという事柄を、あえて明らかにすることは必要ないと考えられた。十七世紀のバプテストにおいては、保守的でストリクトなカルヴァン主義と穏健（moderate）なカルヴァン主義のバランスが何とか保たれていたと見ることができるが、十八世紀に入るとパティキュラー・バプテストの大多数が神学的にきわめて狭い立場に自己を限定するようになり、不毛な、いわゆる正統主義神学の硬直した主張を唱えるばかりとなっていった。

「選びに予定されていない人々に対する福音宣教は無用」といったネガティヴな見解は、カルヴァン主義神学の二重予定論と教会の宣教論の一致を探る彼らなりの神学展開から自ずと生じてきたものと見ることができるかもしれない。何故なら、カルヴァン主義神学の二重予定説の決定論的立場から考えるなら、滅びに定められている人々にいくら熱心に福音宣教を行なったとしても、それは彼らを救いに導くことはできないという結論に至ってしまうからであった。しかし当時の神学的風潮から探って見ると、彼らの議論は当時次第に力を増していた反律法主義(Antinomianism)、もしくは信仰至上主義などとの対決という問題を他方に見据えてのものであったことがわかる。

反律法主義とは、キリスト教史上たびたび現れたものであったが、キリスト者は神の愛によってすべての律法から解放されていると説き、ゆえに信仰以前の人間の側での諸準備や人間の業を救いの根拠とするようなことに断固反対した人々の主張であり、「無償恩寵論」を徹底化させた立場でもあった。そしてこの時代の反律法主義とは、カルヴァン正統主義的神学が罪の「悔い改めの実」を重視し、業績主義的方向に傾斜したことに対する一種の反動として生じて来た主張でもあった。そこでストリクトなバプテストたちは、多くの同胞がこうした「恩寵の無償性」を保持しようとするあまり、勢い反律法主義的立場に陥ることを警戒し、意識的に自らの立場を強調するようになったと見ることも考えられる。そしてまたそこには、もちろんジェネラル・バプテストの、予定論を解消してしまうようなアルミニウス主義的教理との対決があったことも忘れてはならない。

一六八九年五月の「寛容令」(The Toleration Act)は、バプテストにとって比較的自由な活動をもたらす転機となったが、同年九月の同派の総会で採択された「第二ロンドン信仰告白」(第二版、採択版)は、当時のパティキュラー・バプテストの基本的立場であったカルヴァン主義神学への接近の傾向を明確に示しており、そこには二重予定説の強調や、後のハイパー・カルヴァン主義につながる主張が見事に提示されていた。一七〇四年、ロンドン地方連合が開催した総会で一三の教会代表者が集い反律法主義を「警戒すべき教理」と慎重に決議したことがあったが、これなども十八世紀初期の出来事として注目すべきものであった。また一七一七年にはロンドンに宣教のための基金（London Fund）が創設されたが、この援助受領資格にも、それを受けられる者は「厳格なカルヴァン主義に立つ者に限る」といった条件がつけられており、アルミニウス主義者や開放陪餐主義者への提供は明確に除外されていた。こうした宣教へのネガティヴな考え方や姿勢は、教勢の不振という形ではっきりと現れていた。バプテスト史家ハウィラー・ロビンソン（H. Wheeler Robinson）の報告によれば、一七一五年に二二〇教会あったパティキュラー・バプテスト教会は一七五〇年には一四六教会へと減少してしまったとされ、同時期ジェネラル・バプテスト教会も教勢を下げて、一四六教会から一気に六五教会へと減少したといわれる。十八世紀前半のバプテスト教会の低迷は、まさにこうした動きの中にあった。

第二項　トバイアス・クリスプの影響

アメリカのバプテスト史家Ｈ・Ｌ・マクベス（H. Leon McBeth）によれば、ハイパー・カルヴァン主義が生じた背景にはもう一人、ウィルトシャーの国教会牧師トバイアス・クリスプ（Tobias Crisp, 1600–1642）の影響があったとされてきた。すなわちこちらもバプテストでない神学者の影響が、パティキュラー・バプテストをより厳格で徹底したカルヴァン正統主義神学へ導いたというのである。クリスプは超保守派の神学者であり、市民戦争以前から極端なカルヴァン主義の主張に基づく多くの持論を展開させていた。十七世紀のハンザード・ノーリス（Hanserd

Knollys, 1598–1691）らが彼の影響を受けていたこともほぼ間違いないといわれる。マクベスは、このクリスプなどがそもそもハイパー・カルヴァン主義の源泉を成した人物ではなかったかと見ているが、クリスプの議論の中では「教会は永遠のはじめから義とされたキリストの身体（Body）である」といった主張が重要であり、これが後にバプテストのジョン・ギルが「永遠の義認（eternal justification）の教理」として展開させた神学を導き出したものではなかったかと推測されている。クリスプは、「世のはじめから神に選ばれた者だけが義とされる」ことについて強い確信を懐《いだ》いており、この神学的主張は以下の三人のバプテスト牧師に大きな影響を与えた。

第三項　スケップ、ブライン、ギル

十八世紀初期、パティキュラー・バプテストの方向を決定づけた三人の特筆すべき指導者が存在した。まず一人目は、ケンブリッジのホッグ・ヒル独立会衆派教会牧師、ジョーゼフ・ハッスィ（Joseph Hussey）の影響を受けたバプテストのジョン・スケップ（John Skepp, ?–1721）である。ハッスィははじめ、罪人に対する神の招きについて説教していたというが、後に考えを改め、罪人に対する不確実で不適切な救済の使信は、彼らを決して信仰に導かないと考えるようになり、福音を伝えたとしても、それを聞いたすべての者が救いにあずかるわけではないこと、信仰は神からの贈り物であり、救いに予定されていない者には及ばない、と語るようになった。そしてこのハッスィの見解はロンドンのクリップルゲイトのキュリアスホール・バプテスト教会の牧師となったスケップに影響を与えた。というのは、スケップがバプテストになる以前、実は彼はこのハッスィの独立派教会の一員だったからである。スケップは一七二二年に『神の力』（*Divine Energy*）という書物を著したが、内容は先のクリスプのカルヴァン主義そのままであり、彼がクリスプの影響をいかに深く受けていたかが推測される。

もう一人の指導的人物はケッターリングに生まれ、後にコヴェントリの教会に招かれたジョン・ブラインであった。彼はまさに前述のパティキュラー・バプテストの「ロンドン基金」の経済支援を受けて学んだ人物であったが、一七三〇年ロンドンに赴き、多年にわたり親しい友人、特に後述するジョン・ギルらと親交を持ち、ハイパー・カルヴァン主義を明確に提唱する論客となった。彼の一七三二年の『永遠の義の教義の弁明』(*A Defence of the Doctrine of Eternal Justification*)は多くの読者に影響を与えたが、彼がロンドンで在職した教会がキュリアスホール・バプテスト教会であったという経緯からも、スケップの影響をブラインも受けこれを継承したことがうかがわれる。

そして三人目がロンドン、サザークのホースリーダウン(Horsley Down)教会で一七一九年から牧会したジョン・ギルであった。彼はノーサンプトンシャーのケッターリングに一六九七年に生まれた。若き日の彼は熱心な学徒であり、ラテン語をはじめ、ギリシア語、ヘブライ語、論理学を習得し、タルムード研究に至るまであらゆる学科でまれにみる才能を示した。十二歳のときバプテストの牧師ウィリアム・ウォリス(William Wallis)の説教を聞き家族と共に彼の教会に加わった。ギルがバプテストの礼典論を正しく理解し、自覚的告白をして近隣の川で浸礼を受けたのは一七一六年十一月、彼が十九歳のときのことであった。学識深い彼は教会の正規会員になると、ただちに説教者として近隣の村で働いたが、まもなくホースリーダウン教会に招聘された。この教会はかつてベンジャミン・キーチによって一六七二年に設立された由緒ある教会であったが、ギルは一七一九年に招かれると、一七七一年死ぬまでの五〇年以上を、そこで牧師として活動した。そしてこのギルこそが、十八世紀前半におけるパティキュラー・バプテスト教会に最も影響を及ぼした中心的な神学者となったのである。生涯に一万頁以上の出版物を出し、ストリクト・カルヴァン主義的バプテストの、スポークスマンとして活躍した。

ギルは『定められ、立証された三位一体の教義』（一七三一年）や、『旧約聖書注解』（全六巻、一七四八―一七六三年）、また『教義上の神の身体』（一七六九年）、そして『実践上の神の身体』（一七七〇年）といった書物を次々に著した。彼はこうした書を通して、神の主権性を守ることにつとめ、新生していない罪人が救われるようにキリストに願い求めることを拒絶した。ギルはスケップおよびブラインの影響を最も受けた人物であり、多くのパティキュラー・バプテストたちに、誰よりもハイパー・カルヴァン主義を広める存在となった。特に彼の著書『教義上の神の身体』（*A Body of Doctrinal Divinity*）は、命への選びと、神の恩寵から拒絶された存在の比較について記したものであり、永遠の生命への選びはまさに永遠から不滅のものであって、信者自身の信仰や悔い改めなどにその根拠を持つものではないことが強調されていた。神は自由と主権性を持って人を選ばれたのであり、その選びの決定は人間の行為には左右されないとし、神の選びは不変で覆されないものであり、神は御心を変えることを決してなさらないと断言していた。

そしてギルは次のように述べた。「わたしは明言しよう。選ばれていない者が存在する。他の人々が選ばれている陰で、人の子のある者たちは確かに拒絶されている」。また「神は神ご自身の意図によってアダムの子孫のある人々を拒絶されたように、人間をふるい分けることをなさるのである」。ギルはこのように二重予定説を自ら強調し、「神の選びの恵みは妨げられるべきではない。罪人を救い主に招く必要はない」と主張してはばからなかった。

第四項　パティキュラー・バプテスト内の信仰覚醒運動

ノーサンプトンシャー地方連合と西部地方連合

一七五〇年以後になると、パティキュラー・バプテストの中にも、ウェスレーから始まった信仰復興運動を、積極的に受け入れようとする動きが見られるようになる。すでに見たように、ジェネラル・バプテスト内部では早くからそうした傾向が見られたが、パティキュラー・バプテストでは具体的にはそうした動きは、メソジストの伝道者、ジョージ・ホイットフィールドやアメリカのジョナサン・エドワーズらの影響により少しずつ形作られたと見ることが妥当である。こうした動きはパティキュラー・バプテストを分裂には導かなかったが、次に言及するパティキュラー・バプテストの神学者、アンドリュー・フラー（Andrew Fuller, 1754–1815）の活動と深く結びついていた。フラーはジョン・ギルの神学に育《はぐく》まれた者であったが、その神学を引き継いだ若い牧師フラーが、より福音的な信仰のリーダーシップを担うこととなった。すなわち、ハイパー・カルヴァン主義の行き詰まりを乗り越えるかたちで、パティキュラー・バプテスト内部に新しい福音主義が登場したのである。

ジョージ・ホイットフィールドらの影響は、イングランド北部からパティキュラー・バプテスト内に徐々に広がった。すなわち、ノーサンバーランド、ダーラム、ヨークシャー、ランカシャー諸州などにおいてである。そして新しい信仰の覚醒は、ホイットフィールドに感化されバプテスト牧師となって、ヨークシャー、ランカシャー州に多大な影響を及ぼしたジョン・フォーセット（John Fawcett, 1740–1817）によって、またアルヴェリー・ジャクソン（Alvery Jackson, ?–1763）、アブラハム・ブース（Abraham Booth, 1734–1806）によって、さらにフォーセットの感化を受けたオルニーのジョン・サトクリフ（John Sutcliffe, 1752–1814）、ジョン・ライランド（John Ryland, 1753–1825）、またロバート・ホール（Robert Hall, Snr, 1728–1791）などの働きによっていた。

一七七〇年代中頃、ノーサンプトンのジョン・ライランドは、ジョナサン・エドワーズの書『意志の自由に関する研究』（*Inquiry into the Freedom of the Will*）に学び、特にミッドランド地区のパティキュラー・バプテストに多大な影響を与えた。さらに一七七九年になるとロバート・ホールがやはり同じノーサンプトンシャーの地方連合で「わたしの民の道からつまずきとなるものをとり除け」(イザヤ書五七章一四節)との説教をし、ハイパー・カルヴァン主義こそが「つまずきの石」であり、罪人がキリストの赦しに近づくことを阻む「柵《さく》」となっていると指摘し、真正面からハイパー・カルヴァン主義と対決する姿勢を示した。この説教は多くのパティキュラー・バプテストに衝撃を与え、一七八一年には『シオンへの旅人の助け』と題されて出版され、広く読まれた。後のウィリアム・ケアリ(William Carey, 1761–1834)もこの説教を読み、海外宣教への志を強めるようになったといわれ、いかにその反響が絶大なものであったかが推測される。またジョン・サトクリフは、一七八〇年までに一部のハイパー・カルヴァン主義者と対立し始め、福音宣教の重要性を説くようになっていたが、一七八四年、ノーサンプトンシャーの地方連合に「祈祷会」を形成した(a Call to Prayer)。これは彼がジョナサン・エドワーズに学んで起こしたものであったが、毎月第一月曜日に開催され、特に信仰復興のために祈る集会とされた。こうした時代、ジョン・バニヤン(John Bunyan, 1628–1688)以来の「開放陪餐」(open communion)などの議論がロバート・ホール二世(Robert Hall, Jr., 1764–1831)などによって再燃し、さまざまな議論を通して後のアンドリュー・フラーの福音的カルヴァン主義神学再構築へと結びついていった。

パティキュラー・バプテストにおける伝道活動についての関心は、西部地方連合の牧師ジョン・リッポン(John Rippon, 1750–1836)や西部諸教会の中からも生じていた。リッポンもはじめはハイパー・カルヴァン主義に属していたが、フラーの影響を受け福音的カルヴァン主義の一員として重要な役割を担った。彼は一七九〇年から『バプテスト年鑑』(*Baptist Annual Register*)を編纂したが、これは国内外のバプテスト派の活動を広く伝えるものとなり、新しい時代の潮流形成に貢献した。またブロードミード教会の執事エドワード・テリル(Edward Terrill)は、伝道者のための神学教育の重要性をかねてより説いていたが、その志は一六七九年の伝道者養成機関、「ブリストル・アカデミー」（Bristol Baptist Academy）の創設を導いた。そうした彼の意志は、やがてブリストルにおいてアンドリュー・ギフォード（Andrew Gifford, 1700–1784）とその一族、すなわちアンドリュー・ギフォード二世、エマニュエル・ギフォード（Emmanuel Gifford）らによって受け継がれ、西部に多大な感化を与えていくこととなった。

一七一七年にはテリルが残した基金により「ブリストル・バプテスト基金」（Bristol Baptist Fund）が創設されたが、これを受けて伝道者訓練の計画は一七二六年から一七五八年まで、ブロードミードで牧会したバーナード・フォスケット（Bernard Foskett, 1685–1758）らにより進められた。その間、彼は六四名もの伝道者を訓練し、フォスケットの後を、ヒュー・エヴァンズ（Hugh Evans）とその子のカレブ・エヴァンズ（Caleb Evans, 1737–1791）が引き継いだ。またブリストル・バプテスト・アカデミーの伝道者プログラムや何冊かの出版物は、フォスケットの弟子として、またブラウン大学設立貢献者としても知られるモーガン・エドワーズ（Morgan Edwards, 1722–1795）によって、ニューイングランド植民地での伝道者訓練にも積極的に役立てられた。

第五節　アンドリュー・フラーの福音主義的カルヴァン主義

第一項　フラーの生涯と福音理解

さてこの時代、ハイパー・カルヴァン主義バプテストの神学を修正し、後にフラーイズムとも呼ばれた神学を構築してパティキュラー・バプテストに信仰覚醒運動をもたらした人物に、ケンブリッジシャーにヨーマン（独立自営農民）の子として生まれたアンドリュー・フラーがいた。アンドリュー・フラーは一七五四年二月六日、ケンブリッジシャーのウィケンに生まれた。彼はハイパー・カルヴァン主義的系譜の中から出た人物であった。若き日のフラーはハイパー・カルヴァン主義の、「神の選びに定められていない者には福音を伝える必要なし」という消極的な宣教姿勢に疑問を懐きつつも、その問題を自ら神学的に解決することができずにいた。彼自身の受浸が遅くなったのもそうしたことに原因があった。フラーは確かに、信仰者は新生者としての何らかの「しるし」を持つべきであると考えていたが、選びに定められていない人間は、はじめから救いようがないと考え、顧みないハイパー・カルヴァン主義の考え方には、疑問を懐いていた。フラーは神の二重予定を受け入れていたが、仮に神に棄却《ききゃく》されている人々がそこに含まれていようとも、不信仰な人々への悔い改めを求める宣教の業を、教会は積極的に行なうべきではないかと考えるようになった。フラーをそのようにさせたのは、彼が長年愛読していたバニヤンの『天路歴程』の影響であった。その書がフラーに、キリストの贖罪の十全性について考えさせたといわれている。

一七七〇年、フラーは十六歳で浸礼を受け、ソウアム（Soham）のバプテスト教会員となった。彼はそこで献身を志し、一七七五年五月、その教会の牧師になったが、神学的にはなお数年ハイパー・カルヴァン主義の立場を崩さずにいた。しかし一七八一年、フラーは聖書を慎重に研究し、アーンズビーのロバート・ホール、オルニーのジョン・サトクリフ、ノーサンプトンのジョン・ライランド二世などとの交流を通じ、それまでの自己の立場を大きく変える決断をした。その年に、彼は「区別しない福音説教」を支持する書を著し、精力的に神学検証を進めた結果、一七八四年七月一六日、彼はハイパー・カルヴァン主義と決別し、翌年フラーの主著ともいうべき『万人を受け入れる価値ある福音』（*The Gospel Worthy of All Acceptation*）を出版した。フラーははじめはバニヤンの書に「罪人もまた招かれている」という刺激を与えられていたが、ピュリタンのスティーヴン・チャーノック（Stephen Charnock, 1628–1680）、トマス・グッドウィン（Thomas Goodwin, 1600–1680）、ジョン・オーエン（John Owen,

1616–1683)、そして誰よりもジョナサン・エドワーズの神学の影響を受けた。また他に彼に影響を与えたものとしては、当時すでにハイパー・カルヴァン主義の主張に根本的な疑問を投げかけていた、アブラハム・テイラー(Abraham Taylor)のパンフレット『斬新《ざんしん》な問い』(*The Modern Question*)などが存在した。

フラーは一七八二年にケッタリングに移り、翌年一七八三年、二九歳のときケッタリングのバプテスト教会に就任しているが、ハイパー・カルヴァン主義に疑問を懐き、一七八五年までには彼独自の「福音的カルヴァン主義」を展開していった。フラーの教会は以前は一五〇人を超える会員を持つことはなかったが、彼の生涯の最後の一〇年間、礼拝出席者は一〇〇〇名にものぼった。これはいかにフラーの神学が人々に受け入れられたか、影響を及ぼしたかを如実《にょじつ》に物語る出来事であった。フラーはとりわけ雄弁な、人を興奮させるような説教者ではなかったが、誰もが彼の説教に「偉大な温かさ」や「聖なる熱意」を感じたという。

フラー(Andrew Fuller, 1754–1815)
(*English Baptist History & Heritage*, The Baptist Union, 1990, p. 91)

彼の神学的貢献については、一七九八年にニュージャージー州のプリンストン大学から神学博士号が与えられた他、一八〇五年に同じ称号がイェール大学から授与されたことからも認知されている。もっとも彼はプリンストンからの学位を「受けるには不適当」との理由から辞退していたが、二度目のイェール大学からの学位授与については、同様に述べつつもそれを受けた。ただしその称号を自ら名乗るようなことはついになかった。フラーは一七九三年頃から中風の診断を受けていたが、一八〇三年の終わり、バプテスト宣教会の募金活動のため計画したスコットランド旅行で健康を悪化させ、最後の一八カ月は悪化の一途をたどった。一八一五年三月、フラーはクリップストンで行なわれたJ・マック（J. Mack）の就任式で説教をしたが、死人のように青ざめていて彼の友人たちを驚かせた。説教壇から降りた彼は「私は具合が悪い、死にそうだ」と告げたという。彼は病床についたが、ケッターリングの会衆は同年五月八日の礼拝中に彼の訃報を聞くことになった。泣き叫ぶ声が聞こえ、その日の説教者ジョン・キーン・ホール（John Keen Hall）はただちに礼拝を閉じた。フラーは死に臨んで、「わたしは落ち着いて永遠の世界に入ることができる。主イエスよ、きたりませ」と短く記し、救いの確信を最期まで大胆に証し、息を引き取ったという。

第二項　フラーの神学論争

ハイパー・カルヴァン主義者とアルミニウス主義者は、共にフラーの最初の著作を攻撃した。前者の陣営からは、ロンドン、サザークのディーン通りバプテスト教会の牧師ウィリアム・バトン（William Button, 1754–1821）と、ウェストミンスター、グラフトン通りのバプテスト教会牧師ジョン・マーティン（John Martin, 1741–1820）が、後者の陣営からはニュー・コネクション創設者ダン・テイラーなどが意欲的に論争を挑んできた。さらに普遍救済論者《ユニヴァーサリスト》のウィリアム・ヴィドラーもフラーに論争を挑んだ。論敵はフラーの著作『カルヴァン主義とソッツィーニ派の比較』（一七九三年）や『擁護できないソッツィーニ主義』（一七九七年）、また『福音それ自身の証言』（一七九九年）、さらに『普遍救済説におけるヴィドラー氏への手紙』（一八〇二年）、また『万人を受け入れる価値ある福音』（一八〇一年）の第二版なども攻撃の対象とした。これらは『バプテスト』と『エヴァンジェリカル・マガジン』誌などに、説教やトラクト、手紙の形で、また書物としてフラー自身が著したものであった。

第三項　アブラハム・ブースとの論争

フラーの行なった論争の中で特筆すべきものに、はじめはジェネラル・バプテストであったが、後にパティキュラー・バプテストに転じた、ロンドンのプレスコット通りバプテスト教会牧師アブラハム・ブースとの論争があった。ブースの挑戦は一七九六年から始まり一八〇六年にブースが死ぬまで継続された。ブースの議論の目的は、福音の自由な招きを支持することと、信仰のみにより義とされるという教義を明確に擁護することにあった。それは彼自身が当時なおバプテストの中に広がりつつある「信仰を持つ以前の新生（regeneration）の強調」に、絶えず危機感をつのらせていたからであった。そもそもカルヴァンは、彼の『キリスト教綱要』（一五五九年）の第三編第三章第二節で、「信仰から悔い改めが生ずる」という重要な「救いの順序」（ordo salutis《オルド・サルーティス》）について論じていたが、この順序は後のカルヴァン正統主義神学、またハイパー・カルヴァン主義者によって逆転させられてしまい、「悔い改めた者こそが信仰に至る」といった行為義認主義的主張が、それまで声高に主張されていたからであった。ブースはこの点を、フラー神学において再度検証したかったのである。彼はそれより前の一七六八年に、アルミニウス主義を明確に退けた『恩寵の支配』（*Reign of Grace*）を出版していたが、そこで彼は、カルヴァンの神学と熱心な福音伝道は決して矛盾しないという主張を展開し、宗教改革者カルヴァンの神学的立場を回復すべきである、との主張を周囲に投げかけていた。悔い改めが起こると、区別のない福音宣教へと人は必然的に促されるのであり、その宣教は普遍的な「すべての人へ」と当然向かうものと彼は考えていた。「真の福音」は、イエス・キリストにおける信仰を持つための「完璧な根拠」であり、人々を信仰に導くために「真の福音」はなくてはならないものであると記していた。

彼がフラーの著書に特に批評を加えていた点は、フラーが公の信仰以前の「聖なる準備」（holy disposition）、「悔い改め」ないしは「有効な罪の自覚」についての議論を、何よりもまず重視して論じていると思われる部分についてであった。すなわち信仰の前に悔い改めがあるのか、悔い改めの前に信仰があるのか、それを問題視したのである。ブースは一七九六年、『滅びゆく罪人への喜ばしい知らせ、あるいは、不信仰者がイエスにおいて信じるための完璧な根拠である真の福音』（*Glad Tidings to Perishing Sinners or, The Genuine Gospel, a Complete Warrant for the Ungodly to Believe in Jesus*）を出版したが、一八〇〇年にはその第二版を著し、フラーの神学を繰り返し問いただした。そこでフラーは翌一八〇一年、『万人を受け入れる価値ある福音』の第二版を著し、ブースの一連の問いかけに積極的に答えることとなった。

一八〇一年の版に、フラーは「心の聖なる準備（disposition）は信じることに欠くべからざるものかの問い」という付論を添えていたが、そのなかで彼は説得力のある言葉で「われわれにとってただ一つの望みとは、イエス・キリストを通して神の自由な憐れみにとどまることである」と述べ、真の信仰に先行する恵みへの期待やすべての願いなどの準備の実例を、細かく議論し明らかにしていた。彼はまず、誰でも真の福音に背くことから由来する「悔恨」（contrition）という信仰を懐くことを詳細に論じていた。

ブースから見れば、フラーのそうした見解はまさに福音主義を妨げるものに思われたが、興味深いことに、フラーとブースはこうした議論を通して相互に、福音的カルヴァン主義の勝利を証明するための論争を繰り広げていたのであった。問題の焦点は聖霊によって内的に新しくされる「新生（悔い改め）」と「信仰」の相互関係、その内容理解にあった。フラーは後の『新生の本質』（*The Nature of Regeneration*）の中で、悔い改めにおける聖霊の働きの力について語っていたが、フラーは罪というものの恐ろしさ、人の心に影響し、いかにそれが霊的な分別を破壊するものであるかを指摘し、それゆえに神の救済の秩序の中で「悔い改め」、すなわち罪の自覚、そして心の再生（regeneration もしくは the new birth）が、絶対的に第一のものと認められるべきだという考えを再三提示していた。

さてここでこの問題を正しく理解するためには、第一にブースとフラーが用いていた「regenerate《リジェネレイツ》」という用語の厳密な意味の確認が必要となる。というのは、ブースがこの言葉を用いる場合、彼はその言葉で、イエス・キリストをすでに信じた者だけが為すことのできる信仰的行為としての「悔い改め（新生）」を理解していたように思われるのであるが、フラーの場合は違っていた。フラーにとってその言葉は、人が最初に聖霊の働きによって罪の自覚を持つに至る、つまり聖霊の影響を受ける「最初の出来事」を意味する言葉であったと理解されるからである。二人の新生理解に若干の認識の相違があったのである。リジェネレイツは「悔い改める」とも「新生（もしくは再生）する」とも訳される言葉であるが、この概念の内容は当時必ずしも定まってはいなかった。それを踏まえて考えてみると、フラーは決してかつてのハイパー・カルヴァン主義者たちが唱えていた、信仰以前の悔い改めの実質、「悔い改めの実」のような事柄を再び持ち出して、信仰以前の「準備」が重要などと議論していたわけではなかったことがわかるのである。

第四項　フラー神学の特質（フラーイズム）

さてここでフラーの神学の特色を簡潔に概説するならば、フラー神学の基本は宗教改革者カルヴァン自身の神学の回復にあったと見てもよいと思われる。フラーは十七世紀の多くのイングランドのカルヴァン主義者の著作に学び、カルヴァン自身の神学にも学び直し、その結果ハイパー・カルヴァン主義の神学とジュネーヴの改革者の神学とは多くの点で一致しないことに気づいたのであった。問題点を指摘するならば、フラーの主張のポイントは、棄却される人間が存在することを認めつつも、それまでのパティキュラー・バプテストのキリストの贖罪についての一般的見解に見られた「限定の厳しさ」を緩和させたところにあった。すなわち、フラーはキリストの贖罪の福音が、すべての罪人に等しく差し出されているということを繰り返し強調した。キリストの贖罪には無限の値があり、それは全世界を救うに足るものであったと明確に述べたのである。しかし限定される個々人の救いは、キリストの贖罪の規模（つまり贖罪は普遍的なのか限定されるのか、あるいは罪を贖われるのはいったいどの程度までなのかといった事柄）によってではなく、それとは別に、父と子なる神の主権的な目的と意図によって決まるものなのだと考えていたのである。

彼は永遠における神の予定という恩寵の教理を根本において受け入れていた。フラーは、キリストの贖罪とその福音を一部の選ばれた人々だけのものとするような厳しく狭い限定贖罪説を退けたが、だからといって二重の予定まで退けるようなことはしなかった。この点は『万人を受け入れる価値ある福音』の第二版においていっそう明確にされ、誰が救われ誰がそうでないのかという事柄は神の永遠の主権的知恵による事柄であるとされた。そうした特別な秘義（神の選びと棄却）と、すべてのものが信仰を懐くべきであるという真理、したがって福音の宣教とは決して矛盾しないのだと論じた。フラーの神学はそれゆえ、福音伝道を万人に対して基礎づける「宣教の神学」となったのであり、「神の宣教（Missio Dei）の神学」、「罪人の回心の神学」であったと評することができよう。

こうした彼の福音主義的なカルヴァン主義神学は、次第にフラー独自の神学と評されるようになり、周囲からフラーイズム（Fullerism）と呼ばれるに至った。もっともフラーはキリストの十字架の贖罪の普遍性を説く一方で、会衆主義的教会政治においては断固として厳しい教会訓練の必要性、すなわち倫理的にも教理的にも会員を監督する必要性について確信を懐いていた。彼は「信仰者のバプテスマ」を閉鎖陪餐主義と同様に厳密に主張していた。十八世紀の終わり頃までに広まった非受浸者（浸礼様式以外のバプテスマを受けた人）にも共なる陪餐をゆるやかに許すような動き、「開放陪餐」に対し、フラーは新約聖書における秩序と最初の主の晩餐の秩序にそれらが反するという理由からそれに反対し続けた。

第六節　「バプテスト宣教会」設立とケアリの海外宣教

第一項　海外宣教への姿勢

十七世紀においても十八世紀においても、プロテスタント諸教会の中には、広大な非キリスト教世界への関心というものは一般的にほとんど見られなかった。人々は神学的・教会論的事柄に集中し、新世界や北米インディアンを除くと非キリスト教世界への関心はまったく存在しなかった。改革者の多くは、使徒への主キリストの世界宣教命令は彼ら使徒たちの時代に対して語られたものであり、その時代に果たされるべき課題であったかのごとくに考えていた。異教徒に関する新約聖書の約束は、今すでにキリスト教世界の一部となっている、すなわち、福音をしっかり受け入れてきた世界に属する事柄であると考えられていた。したがって、イスラム教徒や他国の様々な異教徒などは、神の忍耐深い摂理の下になお置かれている「啓示の真理を拒絶している人々」、あるいは神の恵みから離れた「罪を犯し続けている存在」などと認識されていた。そして多くの人々は、こうした不信仰の根強い世界はやがて滅びるときがくるに違いないと考えていた。特にカルヴァン正統主義的神学の選びの教理などは、国内外において福音伝道を促す力とはまったくならなかった。

第二項　バプテスト宣教会の設立

一七九二年五月三〇日水曜日、ウィリアム・ケアリはノッティンガムにおけるノーサンプトンシャー地方連合大会席上で、イザヤ書五四章二節から有名な説教をした。彼の説教は二つの点にしぼられていたが、一つは「神から偉大なことを期待せよ」（Expect great things from God）であり、他は「神のために偉大なことを企てよ」（Attempt great things for God）であった。「不朽の説教」と呼ばれたこの一篇の説教が、バプテストの歴史に大きな転換をもたらした。それはフラーの心を動かすものであり、その情熱的な嘆願は時代の流れをやがて大きく変えていく絶大な力を秘めていた。もちろん、ケアリの幻ははじめから誰にでも理解されたわけでなく、はじめはノーサンプトンシャーのほんの一握りの人々によって支持されただけであった。しかし、彼の海外宣教の幻と訴えは、先のフラーの神学によって力強く支持されていき、最終的にフラー自身がケアリに賛同し、周囲にも呼びかけるに及び、このケアリの大胆な海外伝道への挑戦が多くの人々を動かすものとなった。

ここで、ウィリアム・ケアリの興味深い生い立ちについても触れておきたい。ケアリは一七六一年ノーサンプトンシャーのパウラーズプリーで、村の学校教師の子として生まれた。彼の父エドモンドは熱心な国教徒であったため、彼は国教会で新生児洗礼を受けそこに所属していた。少年時代のケアリはクリストファー・コロンブスに興味を持ち、叔父のピーターから、船で世界中を旅して回る話やキャプテン・クック（Captain Cook）の冒険談を聞き、すっかりそのとりこになっていたといわれる。こうしたロマン主義的時代の流れが、彼に未知の世界への伝道という広大な視野と関心を懐かせた。十四歳のとき、ケアリは隣村の靴屋に見習工として弟子入りしたが、そこで工房の兄弟子、会衆主義者ジョン・ウォー（John Warr）と出会った。ケアリはウォーの感化を受けると、十七歳で非国教徒（dissenter）の諸集会に出席し、そこでバプテストの説教をはじめて聞く。翌一七七九年、ケアリは「新生体験」を経て回心を口にしたが、ただちにバプテスマ（浸礼）を受け直すことはせず、聖書を真剣に読み直し、また先のロバート・ホールの『シオンへの旅人の助け』などを熟読し、バプテスト教会の指導者たちと接するうちに明確に、バプテスト信仰へと傾斜していった。そして彼の受浸は一七八三年十月、ネン川でジョン・ライランドによって行なわれた。

ケアリはやがて牧師となって説教する正式な資格を得ようとオルニーのサトクリフのもとを訪ね、一七八六年の説教者資格試験で説教者の賜物が認められると、翌年にはムールトンの教会に招かれそこに就任した。彼はこの時期、その地で独学自習に励み、ラテン語、ヘブライ語、ギリシア語、オランダ語、フランス語、ドイツ語と六カ国語を熱心に習得した。こうしたことが後のベンガル伝道で役立つこととなった。そして彼はやがて世界の果てまでの異教徒伝道に使命を感じるようになり、それがケアリの説教の主要テーマとなっていった。

同年、ノーサンプトンシャー地方連合のある部会に出席したケアリは、「使徒に与えられた世界宣教命令は、世の終わりまですべての伝道者を拘束するか」という話題をぜひ取り上げたいと提案したことがあったが、このときはライランドに「若者よ着席しなさい。あなたは熱狂している」とたしなめられた。ケアリはそのときやむなく沈黙したが、彼の世界宣教への情熱は潰《つい》えることなく、一七八九年レスターの牧師になると、さらに熱心に海外宣教を働きかけるようになった。

さて「バプテスト宣教会」（Baptist Missionary Society）の創設は、一七九二年十月二日、ケッターリングで行なわれた次の部会で、一四名の出席者により行なわれた。祈りと協議の後、この集会は「パティキュラー・バプテスト異教徒福音宣教会」、すなわち後にＢＭＳと略称されるようになる伝道団体を組織する決議をした。この最初の組織会で、彼らは総額一三ポンド二シリング六ペンスの現金または献金の約束をし、創立資金とした。

第三項　イングランドにおけるケアリとフラー

ケアリや後述するジョン・トマス（John Thomas, 1757–1801）は、もちろんヨーロッパの諸教会からの最初のプロテスタント海外宣教師であったわけではなかった。メソジスト派教会や敬虔主義の流れを汲むデンマークの宣教団、またモラヴィア派の東アジア宣教活動も存在したし、マサチューセッツ植民地に伝道したジョン・エリオット（John Eliot, 1604–1690）や、長老派の宣教師、デラウェア方面で活躍したデーヴィド・ブレイナード（David Brainerd, 1718–1747）のような新大陸での宣教活動も存在した。また言うまでもなくカトリック教会では、それ以前からイエズス会をはじめとする長年にわたる海外布教活動が盛んであった。しかしそれにもかかわらず、ケアリらによるバプテスト宣教会の創設は、それまでのヨーロッパからの海外宣教事業を一新し、力づけるものとなった。英語圏では組織としてはケアリらの業がはじめてであり、一七九五年の会衆派のロンドン宣教会ＬＭＳ（London Missionary Society）の設立を導いたし、一七九九年の国教会の教会宣教会ＣＭＳ（Church Missionary Society）の設立ももたらした。このように、海外宣教の前例は確かに存在したが、バ

ケアリ（William Carey, 1761–1834）
（*English Baptist History & Heritage*, The Baptist Union, 1990, p. 95）

プテスト宣教会の設立はきわめて大きな歴史的転換点となった。それゆえに、ケアリは今日までしばしば「近代宣教の父」（Father of Modern Missions）などとも賞賛されてきたのである。

バプテスト宣教会設立にかかわった最も重要な人物には、その設立を訴え続けたケアリと、やがてケアリの幻を理解し力強く支持したライランド、後に顧問となり、何よりも祈祷会をもって支援したジョン・サトクリフなどがいたが、会の組織に関していえば、フラーが果たした役割には実に大きなものがあった。例えば、フラーが一七九一年四月にクリップストンで開かれたノーサンプトンシャー地方連合の復活祭合同礼拝で行なった説教などは、宣教会設立に決定的な影響を与えたからである。フラーはその時、マタイによる福音書二八章のイエスの世界宣教命令について語っていたが、使徒が受けた世界宣教が、自らの時代においてもなおも命じられ取り組まれるべき課題であることを力強く語っていた。こうした説教がケアリをさらに世界宣教への幻へと強く後押しした。

その日の夕食後、ケアリは立ち上がって宣教会設立について「ただちに何らかの行動を起こすべきではないか」と呼びかけた。この時点ではフラーも含めて多くの牧師は現実的な考慮がなお必要であることを語り合い、二の足を踏む状況であったが、このときの部会はケアリに対し、彼の提案をパンフレットとしてまとめるように提言した。そこでケアリは翌一七九二年にレスターで、世界宣教に関する有名なパンフレット「異教徒の回心のため、キリスト者がなすべき義務に関する調査書」を出版することができた。これはケアリ自身がムールトン牧会時代から制作を始めていたキリストの世界宣教命令に基づく海外宣教の提案であり、新約聖書時代からケアリの時代までの世界と宣教の状況分析（世界人口七億三〇〇〇万人のうち、四億二〇〇〇万人もの異教徒、また一億三〇〇〇万人ものイスラム教徒が今も存在するというもの）であった。またこれは、彼がそれまで受けた反論に対する答えが盛り込まれた一種の「宣教公約《マニフェスト》」でもあった。そして同年五月三〇日、ノーサンプトンシャー地方連合の部会で、ケアリはあのイザヤ書五四章からの説教を行なったのである。その翌朝の会合でも、まだ宣教会設立の確かな提案は誰にもできなかったが、ケアリの熱心な訴えに動かされ、ついにフラーによって、「異教徒へ福音を宣教するため、バプテスト宣教会設立案の起草を、次回のケッターリング部会に委託すること」が決まった。そして一七九二年十月にようやくバプテスト宣教会が設立されたのである。

フラーは宣教会の書記となって二二年間、すなわち彼の死に至るまでその職を全うしたが、書記としての働きは、具体的には海外宣教地への経済援助を含むあらゆる意味での支援が第一であり、現地との往復書簡による連絡は膨大なものとなった。また現地からの報告を詳細に行ない、当時ジョン・リッポンが携わっていた『バプテスト年鑑』などに情報を提供する役割も引き受けていた。また海外宣教に対する関心を広め、募金活動のために広範囲に旅をして、諸教会を訪問することも彼の務めであった。また宣教地で働く人材の養成や派遣も彼が担っていた。さらには宣教会を、特に当時のイングランドの東インド会社（British East India Company, 1600–1858、以下東インド会社と略す）との軋轢《あつれき》から弁護する働きを担い、何よりも神学的な側面からの福音宣教の使命と意義を積極的に説いて協力者層を拡大する働きをすべて一人で担っていた。

第四項　インドにおけるケアリ

バプテスト宣教会は、イングランド人外科医でかつて軍務でインドに滞在経験があり、またかの地に再び渡航したがっていたジョン・トマスがいることを知り、ケアリと共に二人を最初の宣教師として選任した。ケアリははじめ身重の妻ドロシー（Dorothy）を説得できず、妻を残して長男だけを連れ出航する決意をしていた。ところが出航間際に予定していたイングランド船に乗船できないこととなり、別便を探し準備を整えるうち、ドロシーは末子ヤベツを出産し、ついにケアリは子どもたち全員（フェリクス、ウィリアム、ピーター、ヤベツ）と妻およびその妹キティーらと共に一七九三年六月十三日、デンマーク商船クールンプリンセッサ・マリア号にてドーヴァーを出航した。そしてアフリカ最南端沖を通り十一月十一日、インド、ベンガル湾沖へとたどり着いた。

インド最初の数年間はケアリにとって悪夢のような「死の影の谷」の時代であった。カルカッタで彼らは一年目の資金を使い果たし、ドロシーは赤痢で苦しんだ。長男フェリクスも病気がちであり、一家は食にも窮する状態が続いた。またケアリの習いたてのベンガル語での説教は東インド会社の「福音宣教敵視政策」の下、予想を超えて困難であり、彼の言葉に耳を貸すものは少なかった。ケアリは翌年サンダーバンズに移り、カルカッタの北約四〇〇キロに位置するマッドナバティのインジゴ（インド藍）染色工場で自給生活を始めたが、自らもマラリアに感染し、長男フェリクスも病状がおもわしくなく、五歳になる三男ピーターはそこでマラリアに感染し高熱を出して病死した。するとそれらが引き金となり妻ドロシーはショックに陥り、翌年三月彼女は幻覚を見るようになり、その後亡くなるまでの十二年間、鬱病は回復の兆しもなく、最後はベッドに縛りつけられる状態であった。一七九九年には宣教会から送り込まれたジョン・ファウンテン（John Fountain）が到着しケアリを助けたが、困難はいぜん変わらなかった。

一八〇〇年一月、ケアリとその家族は次の宣教地、デンマーク領セランポールに移ったが、そこで送り込まれた他の二組のバプテスト宣教師家族と合流し力を得た。すなわちジョシュア・マーシュマン（Joshua Marshman, 1768–1837）とウィリアム・ウォード（William Ward, 1764–1823）であり、その家族たちであった。他にこのときダニエル・ブランズドン（Daniel Brunsdon）、ウィリアム・グラント（William Grant）らも同行していた（ただしグラントはインド到着後すぐにコレラに感染し二子を残して病死。またファウンテンも一八〇〇年に病死した）。

こうして新たな応援を得たケアリらは互いに協力し、有名なセランポールでの宣教活動を実現させた。ケアリはマッドナバティ時代以来取り組んでいたベンガル語への新約聖書の翻訳を、一七九七年には完成させていた。それをウォードはケアリが本国から取り寄せた印刷機を駆使して印刷し、ブランズドンらとその翻訳聖書を一八〇一年三月に出版した。ブランズドンとトマスはこの年病死した。この聖書翻訳事業は伝道に大きな力を発揮し、周囲からの評価を得た。マーシュマンは説教者として力を振るう一方、彼の妻ハンナが始めた学校を応援し、別にインド人のための学校も設立して人々を信仰へと導いた。同年ケアリは、カルカッタに新設されたフォート・ウィリアムズ大学から、ベンガル語、サンスクリット語、および東洋学教授として正式に招聘されたが、この時期、彼はインド人の宗教上の幼児殺害（infanticide）、「サティ」（sati）と呼ばれる寡婦《かふ》の火あぶり（widow burning）の慣習などの調査を行ない、その廃止運動を積極的に展開した。この時期、ケアリはインド人の最初の初穂となり、最初の現地人伝道者となったクリシュナ・パル（Krishna Chandra Pal, ?–1822）を得ている。

一八〇六年、インド南東部のヴェロール（Vellore）で東インド会社のインド人傭兵（sepoy）の暴動が起こったが、このとき東インド会社および反宣教会グループの画策により、現地宣教会は活動縮小を求められたことがあった。当時のベンガル臨時総督ジョージ・バロウ（George Hilario Barlow）の名の下に「現地人への布教を禁ずる」命令が発布された。当時の宣教会印刷所には「ペルシャン・パンフレット」（*The Persian Pamphlet*）として知られていたトラクトがあったからである。それはイスラム教徒に対する配慮に欠けたものであった。イスラム教徒を非難する言葉が多く盛られていた。同年九月、ケアリはカルカッタの東インド会社主席秘書官トマス・ブラウン（Thomas Brown）の事務所に突然呼び出され、この出版物がいかに危険なものであるかを指摘された。これは予想外のことであったが、改めてその一部を読んだときケアリ自身も驚愕《きょうがく》したという。問題の部分はイスラム教からキリスト教徒へと改宗した人物が後から改竄《かいざん》したものであったため、ただちに発行を中止したが、手遅れとなった。

　フラーはこの事件を本国で知るやただちにそれに応じ、インド宣教を弁護する声明などを一八〇七年七月に用意し、関係者と注意深く折衝したが、一八〇七年の終わりになると、本国でも宣教会を攻撃するパンフレットが二四種類も出回った。そこで翌年、フラーは『インド人に対する最近のキリスト教布教の謝罪』なる書物を執筆し、これらの批判に自ら積極的に対応した。彼はそのなかで、出版物の不適切な部分について謝罪はしたものの、著者は宣教師ではないこと、またヴェロールで起こった騒動がすべてバプテスト宣教師の活動が原因であったかのような見方を第一に退け、問題はむしろ東インド会社の傭兵政策にあったことを暗に指摘した。また紅茶トレーダー、トマス・トワイニング（Thomas Twining）から宣教会に向けられた宗教的不寛容論に反論し、良心の自由論と政教分離論を展開して、現地宣教会がむしろ保護されるべきことを求めた。フラーはその活動の積極的評価を求めて奔走した。東インド会社からの圧力はその後も継続したが、最終的には一八一三年七月二二日以降、イングランド議会下院において、ケアリたちによる長年の宣教活動が逆に高く評価されることとなり、その宣教活動が法的に公認されるに及んでこの問題は解決した。

　その間、一八一二年にはセランポール印刷所《プレス》が火災にあい思いがけない苦難も経験したが、やがてケアリは一八一八年セランポールに自らアジアにおける最初のキリスト教大学、セランポール・カレッジを設立した。彼はそこで多くの宣教師や協力者を育て、一八三四年六月九日セランポールで死没するまで、最終的に、サンスクリット語、マラーティ語、アッサム語など六つの言語への聖書翻訳、部分的には二九もの言語への聖書翻訳を行ない、現地の人々に福音を伝える大きな役割を果たした。文法書や辞典の出版、また地方に多くの学校を設立したことも、一八二〇年のベンガルにおける「農業協会」（Agricultural Society）設立も、ケアリの特筆すべき業績であった。こうしてケアリはインドで様々な働きをなしたが、彼の感化により、後世に多くの海外宣教のパイオニアを育てることとなった。すなわち、十九世紀のアドニラム・ジャドソン（Adoniram Judson, 1788–1850）やアン・H・ジャドソン（Ann Hasseltine Judson, 1789–1826）、またハドソン・テイラー（Hudson Taylor, 1823–1905）やデーヴィド・リヴィングストン（David Livingstone, 1813–1873）などである。

第七節　その後の発展と「バプテスト同盟」形成まで

第一項　十九世紀におけるバプテスト教会の成長

一八五一年の調査によれば、バプテスト教会は成長を遂げ、イングランドのバプテスト総人口は三六万六〇〇〇人にも増加し、パティキュラー・バプテスト教会はイングランドで一九四七教会に発展していた。ニュー・コネクションのジェネラル・バプテスト教会は一八二教会、またほとんどがユニテリアンとなった他のジェネラル・バプテスト（Old General Baptist）教会は九三教会と発展していた。こうした変化は、十八世紀前半のハイパー・カルヴァン主義的バプテストの立場が、フラーなどの穏健なカルヴァン主義の立場に次第にとって変わった結果を明らかに示していた。フラーイズムは十九世紀の新しい時代精神となり、国内外の宣教の活性化をもたらすものとなった。バプテスト宣教会の設立後まもなく、バーミンガムの一七九五年の総会で国内伝道への取り組みが協議され基金が創設されると、翌年から二回にわたる村落巡回説教のツアーが早速ウィリアム・ステッドマン（William Steadman, 1764–1837）やフランシス・フランクリン（Francis Franklin）らによって実施された。ステッドマンは、まさに主イエスの「世界宣教命令」に全生涯を捧げるような伝道者であったばかりでなく、一八〇五年以降ブラドフォードで伝道者を養成したホートン・アカデミー（Horton Academy、後のロードン・カレッジ Rawdon College）で働き、そこを引退するまで一五七人もの伝道者を訓練したことで知られている。

十九世紀に入ると、バプテスト教会は教派の壁を超えて教会の一致を目指す活動をしたパディントンのジョン・クリフォード（John Clifford, 1836–1923）やマンチェスターのアレキサンダー・マクラレン（Alexander Maclaren, 1826–1910）など優れた神学者や説教家を輩出したが、ロンドンのメトロポリタン・タバナクルに大会衆を集めたチャールズ・スポルジョン（Charles Haddon Spurgeon, 1834–1892）、またソールズベリー一帯で活躍したジョン・サフレイ（John Saffrey）の伝道など、きわめて注目すべきものがあった。一七九七年にはバプテスト国内伝道協会（The Baptist Home Missionary Society）が創設されていた。このようにしてこの時代、バプテスト教会はイングランドを中心に力強く発展し、特に村落周辺地域における教勢の拡大が顕著となった。そしてそれに続く出来事の中で決して忘れてはならないことは、一八一三年以降に形成されたバプテスト同盟（The Baptist Union）の働きであった。

クリフォード（John Clifford, 1836–1923）（*English Baptist History & Heritage*, The Baptist Union, 1990, p. 128）

第二項　バプテスト同盟の設立

パティキュラー・バプテスト教会は十九世紀はじめに、諸教会・伝道者のための同盟を設立することを目指した。しかしこのような同盟結成の動きは一六四〇年以来のことでもあり、特にロンドン、ブリストルにおいてはすぐに一致をみることができなかった。こうした困難を乗り越え諸教会を同盟設立に向かわせたのは、ジョーゼフ・イヴィミー（Joseph Ivimey, 1773–1834）やジョン・リッポン（John Rippon）らの長年にわたる功績であった。イヴィミーの「地方教会の独立性を侵すことのない合併実現」の必要性を訴える提案などにより、新しい組織作りがやがて軌道にのった。彼らは一八一三年六月にロンドンに集い、イングランドにおけるパティキュラー（もしくはカルヴァン主義的）バプテスト教会のより大きな同盟を築こうと協議した。この同盟は何よりも個々の教会の伝道活動支援のため、教育活動、日曜学校活動、村落伝道活動、また会堂建築基金活動などを相互に助け合うものとして設立されることとなり、同年、諸教会代表四六人の牧師によって決議され、結成されたものであった。しかし一八三二年になると、このバプテスト同盟はまったく新しい出発を遂げることとなる。

ジェネラル・バプテストのニュー・コネクションとの合同が成立したからである。そもそもの発端は一八三〇年十二月のパティキュラー・バプテストの雑誌『新バプテスト論集』（*New Baptist Miscellany*）に、両バプテスト教会の合同についての提案が記載されたことに端を発したといわれる。その少し前、一人の雑誌記者が、両バプテストが宗教的に見てそれほど本質的な違いをもたないことに注目し、さらに「キリスト者は交わりと聖餐の一致よりも、分離することばかりに長年力を費やしてきたのではないか」との疑問を投げかけたのであった。そして特に聖書の示す二つの礼典の持ち方について、なぜバプテストは一致できないのかと問題提起した。「キリスト者の一致を愛する者」と称するその雑誌記者は、当時のニュー・コネクションの発展している教勢と活動を具体的統計として提示し、パティキュラー・バプテストとの合併の可能性について提言した。教理的な両者の違いが大きな障害となることが予測されたが、十九世紀に入り、教派の派閥的競合は教会発展の弊害になると広く認識されつつあった。それゆえ、両バプテスト教会も組織を一つに再編すべきであるという認識が、こうした議論によって次第に浸透していったのである。乗り越えるべき問題としては、ハイパー・カルヴァン主義的な極端な神学主張を温和なものに変えられるかどうか、また組織として両派が、実際どのように一つになれるかなど困難が山積した。

当然一部のパティキュラー・バプテストの中には、こうした協力関係の樹立は、一六八九年の告白（「第二ロンドン信仰告白」の第二版「再択版」）を脇へ追いやるものであり、そうした試みを誤りであると断ずる見解もあり、より厳正なパティキュラー・バプテストだけの同盟を継続して形成すべしという反対論も存在した。しかし両派共に疑問点を率直に意見交換し、繰り返し協議を進めるうちに、同盟組織のそもそもの目的は、諸教会・伝道者の自覚的な互助をもたらすバプテストの「教派としての成長」を促進させることにあること、またバプテストという教派を大きくまとめることこそが、キリストのみ旨に最もかなうことではなかったかという考えが基礎となり、共に多数派が「混合陪餐」（mixed communion）の立場を受け入れることを前提に、両派合併へと向かった。パティキュラー・バプテスト内部では、フラーによる穏健なカルヴァン主義への移行がこうした合併への道を備えたといってよい。

聖餐に関して言えば、一八一五年当時はまだ若干クローズドの立場が多数派を占めていたが、十九世紀末になるとその立場は完全に逆転していた。すなわちそれだけ急激に、福音的神学がハイパー・カルヴァン主義を覆していった。両バプテストの内外の教勢など正確な統計的情報が収集され、一八三二年から一八七三年までの間、バプテスト同盟はエドワード・スティーン（Edward Steane, 1798–1882）やジョン・ハワード・ヒントン（John H. Hinton, 1791–1873）らの指導のもとにその基盤固めに苦闘した。一八六三年ヒントンはバプテストの同盟形成について、「バプテストと名前は一つであっても、実際には教義の異なる教会が含まれるがゆえに、その一致はきわめて困難」と率直に語っていた。しかしこのヒントンの示した慎重な協調姿勢と将来展望が、後の同盟のより大きな一致と発展に寄与することとなった。

古いジェネラル・バプテスト地方連合は、はじめこの同盟参加には消極的であった。自派の神学的主張、特にキリスト論をめぐる贖罪理解や予定論に関する立場の相違をはじめ、彼らは何より従来の地方連合そのものになおも深い愛着を懐いていたからであった。特にそのG・E・N・E・R・A・Lという「金文字」(golden letters)を失うことに特別な抵抗があった。しかし狭い教派主義を超えて協力し連帯する意義を熱心に説くクリフォードの働きが実を結んだ。彼は自らの体験を通して得た確信、すなわち(一)多くのパティキュラー・バプテストが、今や穏健な立場に変化してきていること、(二)両バプテストにおいて開放陪餐の立場が成長し、交流が確実に実現していること、(三)ニュー・コネクションがパティキュラー・バプテストと神学的な主張を異にしながらも、三〇年以上同じ同盟の場でよい協力関係を相互に維持してきた事実などを指摘し、今や、古いジェネラル・バプテスト教会も共に、正式にパティキュラー・バプテストと合併することが可能であると力説した。パティキュラー・バプテストの主流派はより穏健な姿勢を採りつつ、「長年にわたりバプテストが分立してきたことには重要な意義があったが、こうして互いに強め合うことにはさらに意義がある」という見解に立ち、ジェネラル・バプテストとの正式な同盟関係に入る決断をした。

両派は、合併といってもバプテスト諸教会群の、言わば「会衆主義的な同盟」(Congregational Union)の関係に入るという形をとった。すなわち、両派共にそれぞれ異なる主義主張を持っていたが、神学的寛容主義の精神に立ち、相互の多様性を残したままの合同を実現し、「教派としてのバプテスト」を形成することとなったわけである。

前述のように、当時バプテスト諸教会はそれぞれに教勢を延ばしていたこともあり、比較的、楽観的で友好的な空気が支配していたことも作用していた。ジェネラル・バプテストは一八九一年六月二五日、最終的に自らの地方連合を解散する決議をバーンリー（Burnley）で開かれた同派総会でジョン・クリフォードのもとに行ない、四時間にわたる議論の末、バプテスト大合同の道を選んだ。この同盟成立の数年前に、この同盟実現に向けて基本的合意の基礎となる簡潔な信仰告白、「グレートブリテンおよびアイルランド・バプテスト同盟宣言」（一八八八年）が合同協議会により採択されている。この同盟はその後イングランドにおけるバプテスト教会の主流派を代表する重要な役割を担い、今日に至るまで同派の発展に大いなる貢献をしている。

なお、非主流派として、あくまでもストリクト・パティキュラー・バプテストの立場を堅持した教会群が存在し今日に至っている。一八二〇年代にノーフォークとサフォークの地方連合内でその時代の開放陪餐や反律法主義に反対するジョージ・ライト（George Wright, 1789–1863）らによるストリクト・バプテストの牧師たちの分裂が起こった。また他の初期の指導者ウィリアム・ガズビィ（William Gadsby, 1773–1844）やジョン・ウォーバートン（John Warburton, 1776–1857）、ジョン・カーショー（John Kershaw, 1792–1870）らの下に集い、バプテスト同盟への参加を拒否して自分自身の地方連合（The Suffolk and Norfolk Association of Strict Baptist Churches）を一八二九年に組織した人々がいた。このグループには四一の教会、一一五三人の会員が集まり、最も初期のパティキュラー・バプテスト教会の伝統を正しく継承する群れであると自認していた。すなわち彼らは混合陪餐を嫌い、閉鎖陪餐主義、並びに閉鎖会員主義を崩すことなく、十八世紀のギルの神学に根ざした神学的特徴（Gillism）を堅持した人々であった。彼らははじめ「ストリクト」とだけ呼ばれていたが、一八四一年には「ストリクト・コミュニオン・ソサエティ」をロンドンに組織し、自分たちの「ストリクト・バプテスト宣教会」も創設してドイツやデンマークへの宣教を推進した。彼らはまたマンチェスターにバプテスト・カレッジを作り、一八五二年には「ロンドン・ストリクト・バプテスト地方連合」（London Strict Baptist Association）を設立している。そしてこのグループは一八七一年に、ロンドンに「メトロポリタン地方連合」（The Metropolitan Association of Strict Baptist Churches）を形成していった。こうしたグループが存在する以上、バプテスト同盟はイングランドのバプテスト全体を必ずしも代表するものとはならなかったが、その形成は、非国教徒諸教会（Nonconformist）の主流派のなかにバプテストを位置づけていくため、重要な役割を果たしたといえるのである。

トピックス

用語・人物

（一）　ユニテリアン

三位一体論を否定し、イエス・キリストの神性を認めない人々、または教派を指す（ユニテリアン派）。信仰思想としては初代教会で異端とされたアリウスにさかのぼるとされるが、十六世紀以降ではイタリアのレーリオ・ソッツィーニに見られた。

（二）　ハイパー・カルヴァン主義

ハイパー・カルヴァン主義とは、ただ単に一六一八年の「ドルト信仰箇条」のいわゆる「五つの特質」（第二章第二節第一項の4参照）を持つカルヴァン主義のことを指す用語ではなかった。それは、神の主権に対するある意味で著しい自己主張とも思われる神学、特に福音宣教におけるきわめて消極的な姿勢を持つ特殊な神学的立場をあらわす呼称であった。十七世紀半ばにベンジャミン・コックス（Benjamin Cox）によるカルヴァン正統主義に根差した自派再確立が試みられたことがあったが、そのときの方向性はパティキュラー・バプテストの立場の厳格化であった。すなわち、「第一ロンドン信仰告白」の信徒説教奨励の修正、閉鎖陪餐主義の確立、閉鎖会員主義の確立、二重予定論の強調、教会契約による教会訓練の強化などであった。ハイパー・カルヴァン主義は、こうした立場をさらに徹底化し、神に選ばれた者だけによる教会形成（擬似完全主義的な聖徒共同体形成）を目指そうとする立場であった。

（三）　閉鎖陪餐主義と開放陪餐主義

前章で学んだようにバプテスト派においては、一六四二年、パティキュラー・バプテストのリチャード・ブラントの教会が「浸礼様式」を採用してから「信仰者浸礼」が同派のバプテスマの伝統とされてきた。この成人浸礼を重んずるところから、「主の晩餐」も信仰者浸礼を受領した者だけにより守られるべきであるという主張がなされた。それを閉鎖陪餐主義と呼ぶ。特にこれを強調した者にベンジャミン・コックスがいたが、彼は一六四六年の「第一ロンドン信仰告白」修正版においてこの立場を明確に主張したことで知られている。それ以後この主張はパティキュラー・バプテストの基本的な立場とされてきた。しかしベドフォードのバニヤンの教会のように、新生児洗礼受領者であろうと信仰者であるならば信仰者浸礼受領者と共なるテーブルにつくことができると考えた教会があった。こうした立場を開放陪餐主義と呼ぶ。この考え方を継ぐバプテストにロバート・ホールなどがいたが、主の晩餐を「教会の一致の徴」と見なすゆえに開放陪餐主義を採るとしていた。William H. Brackney. *Historical Dictionary of the Baptists*, Second Edition, Scarcrow Press, 2009, p. 350 を参照。

（四）　イングランドの東インド会社「宣教敵視政策」

フラーたちは自国の政府とも東インド会社とも一切関係を持たずベンガル伝道を開始したが、これはある意味で無謀な企てであった。インドへの渡航は当時貿易関係者には比較的自由に開かれていたが、東インド会社そのものが文化事業や宗教事業には一切渡航許可を与えていなかったからである。バプテスト宣教会を立ち上げ、ひとたびインドへの宣教を公言するからには、東インド会社側からの圧力や反対にただちに会うであろうことは予見されていたとされる。マーシュマンやウォードが一七九九年の十月にフーグリー川下流のキッダーポルに本国より到着したとき、到着早々ベンガル政庁行政事務官から宣教師退去を言い渡されたことがあった。「宣教敵視政策」とは、具体的にはこうした政策を指す。キリスト教宣教はイングランドの東インド植民地活動に不利益をもたらすという考えに基づくものであった。

（五）　セランポール印刷所《プレス》（一八〇〇―一八五五年）

バプテスト宣教会がデンマーク領セランポールに設立したもの。一八〇〇年三月頃から機能し、新約聖書のマタイ福音書から印刷を開始した。印刷所はやがて活字鋳造所も併設し、ベンガル語をはじめ四五の言語の書物が三〇年内に一八の異なるタイプ・フォントで印刷された。印刷用紙の製法も含め、インド初期の活版印刷技術に画期的貢献を果たした。マーシュマンの『中国言法』（一八一四年）などから、この印刷所が漢字活字三種類も持っていたことがわかる。

（六）　チャールズ・スポルジョン（Charles Haddon Spurgeon, 1834–1892）

エセックス生まれ。十六歳のときメソジストの集会で回心し、はじめはニューマーケットの会衆主義教会に所属した。二十歳のときバプテスト主義に転向するが、ジョン・リッポンの教会からの招聘後、ニューパークストリートに移ると、スポルジョンは次第に名説教家としての名声を高め、ロンドンに大会堂メトロポリタン・タバナクルを建てた。彼は二万三〇〇〇人以上の聴衆に説教したといわれる。スポルジョンは厳格なカルヴァン主義者であり、バプテスト同盟の立場には懐疑的であり、ジョン・クリフォードと論争を繰り広げたことで知られる。

バプテストの主張

バプテストの「新生」論

バプテスト教会の新生理解は、カルヴァンの『キリスト教綱要』第三編第三章の「新しく生まれる」を基礎にしていた。ジェネラル・バプテスト派の一六七八年「正統信条」第二二条、第二六条、またパティキュラー・バプテストの一六七七年「第二ロンドン信仰告白」第一〇条第二項、第一三条第一項、第一五条などに告白されてきた。バプテストの歴史的信仰告白を見ると、「新生」理解に、バプテスト信仰の特質が確かにあったことが理解される。

聖霊の働きにより神の恵みによって人は新しく生まれ変わることができるという信仰であり、絶えざる聖化の生活を積極的に目指す主体性の確立が得られると主張された。バプテスト教会は十七世紀来「教会契約」を重んじて教会を形成した伝統を保持したが、それはまさに新生者教会契約であった。契約遵守も霊的成長を前提に目指されたものであった。一八三三年の「ニューハンプシャー信仰告白」には、救われるためには、"We must be regenerated or born again"と告白されており、新生とは「心に聖なる性質を与えられること」であると告白されている。「悔い改め」等、関連条項も参照して欲しい。*The Complete Works of Andrew Fuller: With a Memoir of His Life* (1988 [1845]) の第三巻、七七六—七七九頁に、フラーの『新生の本質』(*The Nature of Regeneration*) が掲載されているのでこれも参照し理解を深めたい。

読者への問いかけ

(一)　十八世紀、イングランドのバプテストには主の晩餐の守り方について、見解の多様性があった。改めてバプテストの礼典論、伝統的な主義主張について自分で調べてみよう。

(二)　アンドリュー・フラーはパティキュラー・バプテストでありつつ、キリストの十字架の贖罪の普遍性を説いたとされる。彼がもたらした修正がいかに大きなものであったかを考えてみよう。

(三)　十八世紀以降バプテストが行なった海外宣教の活動地と宣教師について調べてみよう。

参考文献

斎藤剛毅編、高野　進他訳『資料・バプテストの信仰告白（改訂版）』ヨルダン社、二〇〇〇年。

妹尾剛光『ロック宗教思想の展開』関西大学出版部、二〇〇五年。

高野　進『近代バプテスト派研究』ヨルダン社、一九八九年。

千葉勇五郎『ウィリアム・ケァレー』福音書館、昭和一〇年。

村椿真理「教会契約とハイパー・カルヴァン主義的バプテスト」『関東学院教養論集』第十六号、二〇〇六年、関東学院教養学会。

Brown, Raymond. *The English Baptists of the 18th Century*, The Baptist Historical Society, 1986.

Clipsham, E. F. "Andrew Fuller and Fullerism: A Study in Evangelical Calvinism", *Baptist Quarterly* 20.1–4, 1963, Baptist Historical Society.

Fuller, Andrew. A Defense of a Treatise Entitled The GWAA, 1810, Andrew Gunton Fuller, *Complete Works of the Rev. Andrew Fuller: With a Memoir of His Life,* Vol. II, GOSPEL ITS OWN WITNESS–CONTROVERSIAL PUBLICATIONS, 1988.

George, Timothy. "John Gill", edited by Timothy George and David S. Dockery, *Baptist Theologians*, Broadman Press, 1990.

Hayden, Roger. *English Baptist History & Heritage*, The Baptist Union of Great Britain, 1990.

Leonard, Bill J. *Baptist Ways: A History*, Judson Press, 2003.

McBeth, H. Leon. *The Baptist Heritage*, Broadman Press, 1987.

Manley, Ken R. *Redeeming Love Proclaim: John Rippon and the Baptists*, Vol. 12, GOSPEL ITS OWN WITNESS–CONTROVERSIAL PUBLICATIONS, 2004.

Morden, Peter J. *Offering Christ to the World: Andrew Fuller (1754–1815) and the Revival of Eighteenth Century Particular Baptist Life*, STUDIES IN BAPTIST HISTORY AND THOUGHT Vol. 8, Paternoster Press, 2003.

Myers, John Brown, ed. *The Centenary Volume of the Baptist Missionary Society 1792–1892*, The Baptist Missionary Society, 1892.

Naylor, Peter. *Calvinism, Communion and the Baptists*, STUDIES IN BAPTIST HISTORY AND THOUGHT Vol. 7, Paternoster Press, 2003. *From John Gill to C. H. Spurgeon*, Versa Press, 2006.

Neill, Stephen. *A History of Christianity in India, 1707–1858*, Cambridge: Cambridge University Press, 1985.

Payne, Ernest A. *The Baptist Union: A Short History*, 3rd Impression, Baptist Union, 1982.

Roberts, Phil. "Andrew Fuller", edited by Timothy George and David S. Dockery, *Baptist Theologians*, Broadman Press, 1990.

Smith, Thomas and John O. Choules. *History and Origin of the Missionary Societies*, Vol. 1, 2, Boston, S. Walker, and Lincoln & Edmands, 1832.

Torbet, Robert G. *A History of the Baptists*, Judson Press, 1950, 3rd ed., 1987.

注

（一） デボンのダートマスに生まれたニューコメンは、その地のバプテスト信徒伝道者であった。

（二） 決定論的予定説とは、人間が救われるか否かを神があらかじめ決定してしまっており、その決定はもはや変えられないとするもの。

（三） 教会や聖書の権威にとらわれず、理性的見地から神について考察しようとした人々。

略年表

一七〇四年	ロンドン地方連合、総会で反律法主義を警戒すると決議
一七一七年	パティキュラー・バプテスト、「ロンドン基金」を創設
一七一九年	ジョン・ギル、ホースリーダウン教会に就任
一七三九年	ウェスレー兄弟による信仰覚醒運動がブリストルから始まる
一七五四年	アンドリュー・フラー、ケンブリッジシャーに生まれる
一七七〇年	ダン・テイラー、「ニュー・コネクション」を設立
一七八一年	ロバート・ホール『シオンへの旅人の助け』を出版
一七八五年	アンドリュー・フラー『万人を受け入れる価値ある福音』を出版
一七九二年	ケッターリングにて、「バプテスト宣教会」設立
一七九三年	ウィリアム・ケアリ、インド、ベンガルにて伝道開始
一八〇〇年	ケアリ、セランポールに宣教拠点を確立
一八三二年	「ニュー・コネクション」、バプテスト同盟に加盟
一八八八年	「グレートブリテンおよびアイルランド・バプテスト同盟宣言」採択
一八九一年	ジェネラル・バプテスト派、解散して「バプテスト同盟」に加盟

第四章　アメリカのバプテスト教会

第一節　初期アメリカ・バプテスト

第一項　ニューイングランドの植民地とバプテスト

イングランドから新大陸に入植が始まったのは、十七世紀初頭のことだった。一六〇七年、ときの国王ジェームズ一世から特許状を得てヴァージニアのジェームズタウンに最初の入植が始まり、宗教的にはイングランド国教会が入植者の多数を占めた。バプテストが直接に関係するのはピュリタンによる入植地で、ヴァージニアよりはるか遠くの北東部に位置するニューイングランド地方で拓かれた植民地においてであった。

初期アメリカには実に多様なバプテストたちが存在していた。ジェネラル、パティキュラーなどのようにイングランドの伝統を色濃く持っていたグループもあれば、クエーカーから影響を受けたキーシアンズ（Keithians）のようなアメリカ生まれとも言えるバプテストもいた。このように、アメリカのバプテストには多様性が見られたが、バプテストとしての課題は共通であった。祖国イングランドの場合と同じく、信教の自由と政教分離の問題である。それが最も先鋭的な形を取ったのは、ニューイングランド地方のマサチューセッツ湾植民地のバプテストにおいてであった。

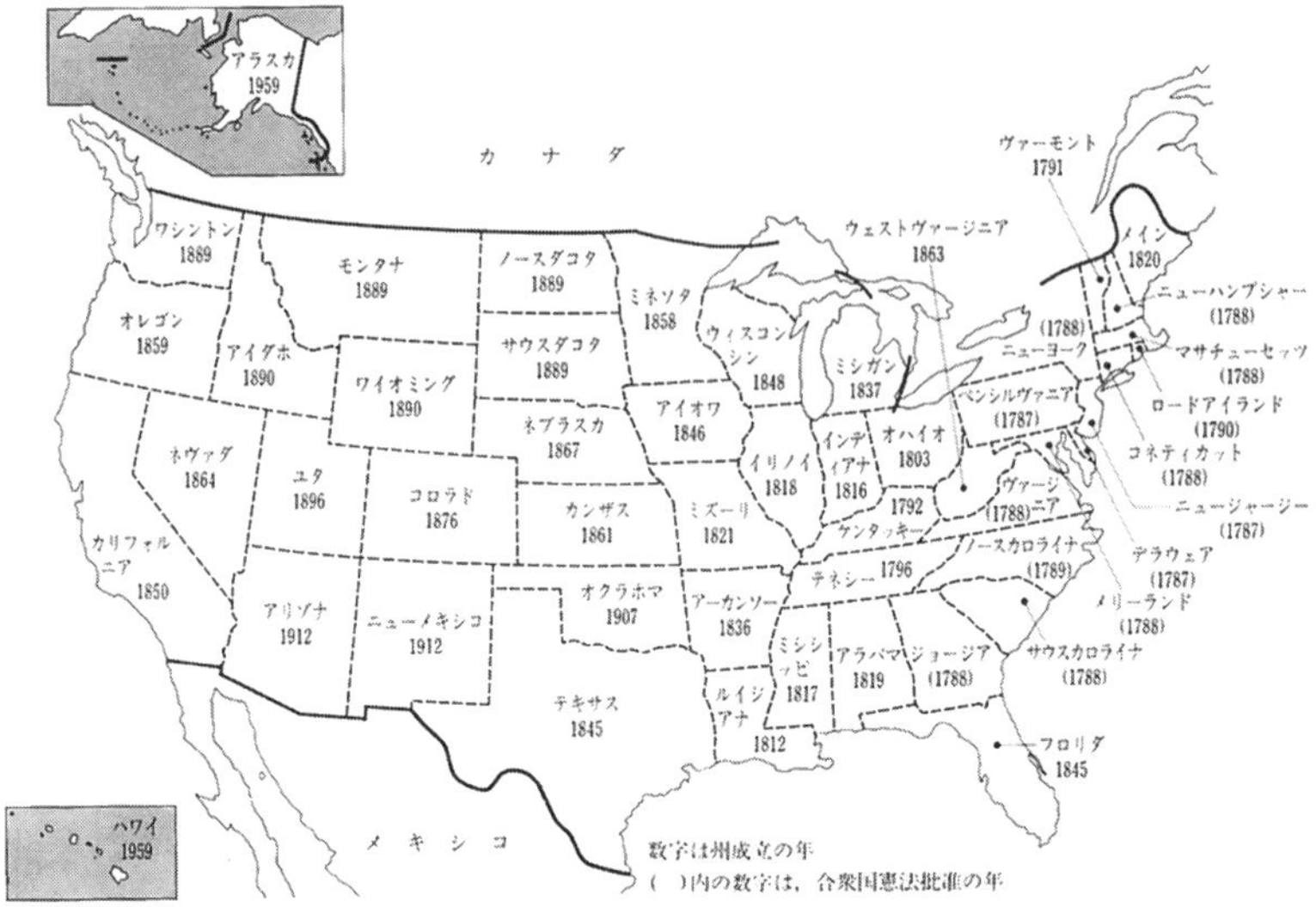

アメリカ合衆国の50州の地図（大下尚一他編『史料が語るアメリカ』有斐閣，1989，p.298）

第二項　マサチューセッツ湾植民地と宗教

　イングランドのピュリタンによるニューイングランド地方への入植は、一六二〇年のプリマスに始まり、一六三〇年のマサチューセッツへと続いた。前者はプリマス植民地、後者はマサチューセッツ湾植民地としてそれぞれ拓かれていったが、後年、プリマス植民地はマサチューセッツ湾植民地に併合されたため、それ以後、イングランド植民地の中心はマサチューセッツとなった。バプテストはこのマサチューセッツ湾植民地で当局と対峙することになった。

　マサチューセッツ湾植民地を拓いたのは非分離派と呼ばれるピュリタンで、植民地建設にあたってはきわめて強い宗教的使命を公に表明して事業に臨んだ。初代総督ジョン・ウィンスロップ（John Winthrop, 1588–1649）は、セーレム上陸を目前にしたアベーラ号の船上で、有名な「キリスト教徒の慈愛のひな型（A Model of Christian Charity）」と題した説教を行なった。その中で、これから拓こうとする植民地はキリスト教市民共同体の理想となり、「丘の上の町」としてその規範をかがり火のように四方に照らす使命を神から与えられており、自分たちはその使命を果たすために神から選ばれ、神と契約関係に入る運命にあることを力強く訴えられている。

宗教的には、カルヴァン主義神学の流れを汲む会衆派が多数を占め、行政の仕組みもその信仰理解を基盤として作られた。教会と行政機関は密接に結びついて相互に機能し合い、行政は、市民生活はもとより、教会生活にもその権限を行使した。参政権を持つ植民地住民は植民地教会の教会籍を有する者だけに限定されたため、政治参加を許可する審査のようなものが行なわれ、それに教会と行政の両者がかかわった。実質的には植民地住民と教会員は重なっていたため、教会への献金は税金と同等に扱われ、植民地教会の牧師給与もそこから支出されていた。教会員の子弟には誕生から八日目に新生児洗礼が施され、住民登録と教会員としての入会が同時に行なわれた。また住民には、植民地当局が認可した教会において、当局が認可した牧師による説教を聞くことが法的に定められていたので、それ以外の教会における礼拝出席は禁じられ、違反者は当局より処罰された。認可されていない説教者が植民地の法や当局の警告を無視して説教した場合、同じように処罰され、最悪の場合は極刑も行なわれた。その点でクエーカーの人々はバプテスト以上に過酷な迫害を受けた。新大陸で最初の退去命令を受けたのも、また死刑を執行されたのも、クエーカーの、それも女性であった。前者はアン・ハッチンソン（Anne Hutchinson, 1591–1643）で、一六三八年にマサチューセッツ湾植民地から追放され、後者はメアリ・ダイヤー（Mary Dyer, 1611–1660）で、一六六〇年に絞首刑に処せられた。

第三項　信教の自由と政教分離を求める

ニューイングランド地方では、バプテストはきわめて少数者であったにもかかわらず、当局は厳しい監視と取締りの手を緩めなかった。理由は、植民地体制が是としている新生児洗礼を否定し、自らの信仰に基づいた礼拝を独自に行なうことを主張して止まなかったからである。このどちらもが内容的には植民地行政の根幹に抵触するものであったため、バプテストに対する迫害はその数の少なさにもかかわらず激しさを増したのである。迫害の手は、バプテストばかりではなく、バプテストの主張に賛同する非バプテストにまで及んだ。たとえば、ハーバード大学の初代学長ヘンリ・ダンスター（Henry Dunster, 1609–1659）は、バプテストの主張に賛同して四番目の子供に新生児洗礼を施さなかったため、十二年間温めた学長の座を追われている。

（1）　ロジャー・ウィリアムズの活躍

そのような行政当局のあり方に異議を唱え、戦ったバプテストはひとりならず存在した。その多くが牧師などの指導者であったが、信徒たちも果敢に戦った。その中でもオバダイア・ホームズ（Obadiah Holmes, 1607–1682）の例はよく知られている。信徒の家で新生児洗礼に異議を唱える説教をしたという理由で捕えられ、投獄の上、一六五一年、ボストン市内の大通りで見せしめの鞭打ち刑を課せられた。このように政治と宗教が結びつくことで公権力を行使してバプテストを迫害するケースは、ニューイングランド地方で後を絶たなかった。その代表格はロジャー・ウィリアムズ（Roger Williams, 1603–1683）の例である。

ウィリアムズは、一六〇三年ごろ、ロンドンの商人の家に生まれた。もともとピュリタンであったが、次第に政教分離を唱える分離派に傾いた。国王ジェームズ一世の治世下、ウィリアム・ロード（William Laud, 1573-1645）が大主教になると、分離派をはじめとするピュリタンやその他の非国教会グループを執拗に迫害した。その結果、多くのイングランド人が海外に亡命し、ウィリアムズもそのひとりとしてアメリカを目指して大西洋を渡り、一六三一年二月五日、ニューイングランド地方のマサチューセッツに上陸した。当初しばらくの間は、植民地で牧師をしていたが、政教分離の主張を公にしたため、当局より一六三五年十月九日、「危険思想を広めた」という理由で、植民地退去を命じられた。この裁判を傍聴していた総督ウィンスロップは、そのときのウィリアムズの主張を次の四点に要約して記録している。

ロジャー・ウィリアムズの記念碑（久保田泰夫『ロジャー・ウィリアムズ』彩流社，1998，口絵）

（一）（アメリカで）イングランド人が所有している土地は、王の許可によるものではない。本来の土地の所有者はアメリカ先住民であり、そのことのゆえに我々はここにおける土地の所有に関して、悔い改めなければならない。

（二）礼拝における神の加護や祈祷を、不正な人物を招いて依頼するのは正しくない。

(三) 本国で国教会の牧師であった人々の教えを聞くのは正しくない。

(四) 為政者の権限は、市民と市民の財産、並びに市民生活の保護のためにのみ行使されるべきであって、それ以外の目的に行使されてはならない。

これから読み取れるように、ウィリアムズは、信教の自由を核とする基本的人権を、当時、植民地のほとんどのキリスト者から「悪魔の使い」とまで嫌悪されていたアメリカ先住民にも認めている。マサチューセッツ湾植民地を追われたウィリアムズはロードアイランド・プロヴィデンスに赴き、そこでナラガンセット族と出会って友好を深めた。ウィリアムズは彼らから正式な手続きを経て土地を買い、ロードアイランド植民地を拓いた。また、イングランド人入植者がナラガンセット族と意志疎通ができるように辞書を作り、先住民と白人の貿易の仲立ちも買って出た。加えて、先住民の伝道活動にも従事している。

先の四点にあるように、ウィリアムズはイングランド国教会に強く反対し、政教分離思想を鮮明に言い表している。特に(二)、(三)は、国家と近い関係にあり、植民地の宗教的体制となっていた植民地教会への批判であるが、(二)の「不正な」には、「邪悪、不道徳、よこしま」を表わす語(wicked)が用いられている。ウィンスロップは同年七月の日記に、ウィリアムズが同じ内容について、「信仰の新生を経験していない人物(unregenerate man)に神の加護を祈る機会を与えてはならないと主張した」と書いていることから、ウィリアムズが当時の植民地の一般的な見解とは大きく異なって、真のキリスト者とは魂の新生を経験した者(regenerate man)であり、その信仰を表明してバプテスマを受けた者でなければならないという理解を持っていたことが推測される。

プロヴィデンスに対する先住民からの土地譲渡証書（久保田泰夫『ロジャー・ウィリアムズ』彩流社，1998，p.73）

ウィリアムズはまた、信教の自由について卓越した見解を持っており、その内容は当時の常識をはるかに超えていた。ウィリアムズは、一六四四年、信教の自由と政教分離の擁護を訴える『良心の大義擁護のため、血なまぐさい迫害の担い手を論ずる（*The Bloudy Tenent of Persecution for Cause of Conscience Discussed*）』を上梓したが、そこには、キリスト教会が他の宗教を信ずる信仰者をキリスト教に改宗させる目論見はもちろんのこと、そのような改宗を望ましい、または好ましいとすら思うべきではない、とまで述べている。

また、信仰の相違に端を発する公権力による迫害は、聖書が証しするイエス・キリストの精神から外れる行為であり、万人には等しくイエス・キリストの終末の希望が注がれているゆえに、人間が信仰の事柄について最終的な審判を下してはならないとしている。加えて、公的な武力の行使は、市民生活に具体的な危害を加えると予測される事件を鎮圧するためには最も適切であるが、宗教に関係する事件、すなわち、個人の内面に起因する事柄に対しては最も不適切であるとして、市民個々人の宗教生活に対する公権力の介入を牽制し、その不当性を説いている。このウィリアムズの著書は、政教分離と信教の自由を論ずる古典として、後に、トマス・ジェファソン（Thomas Jefferson, 1743–1826）、ジェームズ・マディソン（James Madison, 1751–1836）ら、合衆国憲法制定とアメリカ建国に大きく貢献した指導者たちに深く影響を与えた。

（2）　信仰の戦いとしての「信教の自由と政教分離」

このように、初期アメリカのバプテストにとり、信教の自由と政教分離は譲ることのできない課題であったが、これは政治的な戦いであると同時に信仰の戦いでもあった。アメリカ・バプテストの先達は、この課題にバプテストとして声を上げるべき問題を見出し、諸活動もその点に収斂《しゅうれん》されたと言っても過言ではない。それは、ウィリアムズがアメリカ最古のバプテスト教会（プロヴィデンス第一バプテスト教会、一六三八／九年頃）を、二番目の教会（ニューポート第一バプテスト教会、一六四一年か、一六四八年頃）もウィリアムズの思想に共鳴したジョン・クラーク（John Clark, 1609–1676）の手によるものであったという事実によって明らかであると言える。

また、初期アメリカの最初のバプテスト地方連合であるワレン地方連合（Warren Association）は、アイザック・バッカス（Isaac Backus, 1724–1806）を指名してイングランドに派遣し、ニューイングランドにおける信教の自由の擁護のためのロビー活動を託したが、その必要経費は連合内の諸教会の献金によって支出されている。当時、近代になって議論されるようになったキリスト教界の「社会派」、「福音派」という対峙の構図はほとんど見られない。信教の自由というきわめて宗教的な色彩をおびた主張は、政教分離という政治的社会的主張と表裏一体の関係にある問題として絡み合い、存在していたからである。

プロヴィデンスのバプテスト教会（久保田泰夫『ロジャー・ウィリアムズ』彩流社，1998，p. 130）

（3）　活動の広がり
　　――中部植民地のバプテスト

新生児洗礼を基軸とする政教一致の市民生活に異を唱えたニューイングランド植民地のバプテストの多くは、そこから南下してミドルコロニーとよばれる中部植民地に移動した。中部植民地は、ペンシルヴェニア、ニューヨーク、ニュージャージー、デラウェアを擁し、イングランドの他に、アイルランド、スコットランド、ドイツ、オランダ、スウェーデン、フランスなどから移民が流れ込んでいた。また、イロコイ族などのアメリカ先住民、西アフリカからの奴隷たちも多く住んでいた。宗教的にはニューイングランドの植民地よりも多様で、メノナイト派、ルター派、オランダ系カルヴァン派、長老派などが入り混じっていたため、特定の教派人口が群を抜くという事態は起こりにくかった。これもニューイングランドの植民地とは異なる特徴であった。地理的にはアメリカ東部の中央に位置していたため、商業の中心地ともなった。

この中部植民地で、バプテストはニューイングランドの時よりもはるかに自由に活動ができるようになり、数も増え、その後の発展の基礎がここで据えられた。イングランドとの独立戦争の際、それを全面的に支持し、多くのバプテストが志願兵を出したのも、ここ中部植民地のバプテストであった。ジョン・リーランド（John Leland, 1754–1841）をはじめとするヴァージニアのバプテストは、一七七六年のヴァージニア権利章典（The Virginia Bill of Rights）や一七八六年のヴァージニア信教自由法（The Virginia Statute for Religious Freedom）の制定に深くかかわった。アメリカの連邦憲法には、修正第一条から第一〇条にわたって国民の基本的権利を規定した修正条項が挿入されており、それは権利章典（The Bill of Rights）と呼ばれ一七九一年に確定されたが、その基礎となったのは、他でもない、このヴァージニアの権利章典と信教自由法であった。

第二節　活動の地盤が固まる

ニューイングランド地方の植民地で活動の自由が大きく制限されたバプテストは、中部植民地で信教の自由を満喫し、活動も活発化して数も増加した。ペンシルヴェニア植民地の中心都市フィラデルフィアは、アメリカ・バプテストの故郷ともいえる地である。アメリカで最初のバプテスト信仰告白、中心的な地方連合、国内宣教師の派遣は、フィラデルフィアのバプテストたちによるものであった。

第一項　アソシエーション（地方連合）の誕生

フィラデルフィアでは、アメリカ・バプテストのアソシエーション（以後、地方連合）のモデルとなるフィラデルフィア・バプテスト地方連合が誕生した。アメリカ・バプテスト最初の地方連合は、ニューイングランド地方のワレン地方連合だが、今日のアメリカ・バプテストの地方連合に直接影響を残しているのは、むしろこのフィラデルフィア・バプテスト地方連合であろう。従来、近隣の諸教会が非公式に集まって、教会員の消息を確かめあったり、情報交換をもって交わりを深めていたが、次第に本国イングランドのバプテストに倣って、各教会の任意に基づいて諸教会を取りまとめ、交わりを充実させて、協力伝道を目的に掲げる総会を組織し、年に一度、定期的に集まるようになった。『フィラデルフィア・バプテスト地方連合議事録一七〇七—一八〇七年（*Minutes of the Philadelphia Baptist Association from 1707–1807*）』（一八五一年）によると、毎年の総会では、諸教会から報告があり、直面する課題が提出されて分かち合われ、その解決に向けて全体で話し合いが行なわれた。参加者の間には、互いに励まし合い祈りあう信仰の交わりが生まれた。当時、アメリカにおけるバプテストは少数であったばかりか、教会も方々に散在していたため、このような集まりは、必要かつ貴重であった。その積み重ねが一七〇七年のフィラデルフィア・バプテスト地方連合誕生に繋がっていった。

創立総会には五教会が集まり、毎年の総会に各個教会から代議員が送り出され、公共の益となる計画を立案し、その実現に向けて精力的に企画・推進することが確認された。また、伝道協力のために、各個教会の横のつながりを強く豊かにし、教会間の交流を促進して、連合内の諸教会のニーズ（具体的には、無牧の教会への説教者の派遣、経済支援など）に応えることを活動の目的に置いた。一つの教会では対処できない問題が発生した場合、解決のために地方連合が介入することもあったが、それも当該教会から申し出があった場合のみに限られ、一方的に踏み込むことは避けられた。このように地方連合とは、あくまでも各個教会を側面から助け、共に伝道協力を行なうための組織であるので、中央集権的なふるまいに走らないように細心の注意と努力が払われたが、これも本国のバプテストから受け継いだ伝統であった。

第二項　地方連合信仰告白――協力伝道の基盤として

諸教会の間で地方連合の役割が了解され、毎年の総会が充実するにつれて、一つの教会だけでは対処に困難を覚える課題や問題の数は増加の一途をたどるようになり、解決のための話し合いを求める量や頻度が増加してきたばかりか、その内容も多岐にわたるようになった。これらは、「Query（質問）」と呼ばれ、内容も教会内外のもめ事をはじめ、牧師招聘の選定基準、牧師の按手、教会員の入会資格とバプテスマの問題、安息日理解など、神学的な判断が求められる問題が寄せられるようになってきた。

地方連合は、これらの問いに対して一定の判断基準をもって対処する必要を見て取ったため、しばらくの間は、イングランド・バプテストの「第二ロンドン信仰告白」の参照を薦めていたものの、最終的には、自らの手で信仰告白を作成することになった。連合は二名の執筆者を選び、信仰告白の作成を委託したが、その内容は、当時「イライアス・キーチの信仰告白」として紹介されていた「第二ロンドン信仰告白」に、「礼拝で詩篇を歌うこと」「バプテスマの際、信者の頭に手をおいて祈ること」の二点を加えて、一七四二年、「フィラデルフィア信仰告白」(The Philadelphia Confession) として採択した。この信仰告白は、その後に組織されたほとんどのアメリカ・バプテストの地方連合によって使用され、一八三三年の「ニューハンプシャー信仰告白」(New Hampshire Confession) にとって代わられるまで、アメリカのバプテストにとって、バプテストの信仰を理解する際、影響力をもったガイドとなった。

「フィラデルフィア信仰告白」の手本となった「第二ロンドン信仰告白」が、当時「イライアス・キーチの信仰告白」と呼ばれた理由は、イライアス・キーチ (Elias Keach, 1667–1701) がイングランドからアメリカにそれを紹介したからである。イライアス・キーチの父は、イングランドにおけるパティキュラー・バプテストの中心的人物であり「第二ロンドン信仰告白」の起草にかかわったベンジャミン・キーチ (Benjamin Keach, 1640–1704) で、イライアス自身は、中部植民地を中心に伝道活動に従事し、特にイングランドからの入植者たちをよく牧会して、いくつもの教会をつくった。イライアスは信仰告白ばかりではなく地方連合のシステムもアメリカに紹介したため、初期のアメリカ・バプテストに与えた影響は大きい。イライアスを通して、アメリカのバプテストは信仰理解をはじめ、教会運営や協力伝道のアイデアの多くをイングランドのパティキュラー・バプテストから学ぶことになった。

第三項　各個教会と伝道協力

地方連合は、信仰告白を持つことにより、諸教会から寄せられる問題をできるだけ公平に対処できるようになり、それに伴って各個教会に対する地方連合の役割も明らかになっていった。そのようななか、伝道協力のための協力組織である地方連合と各個教会の関係をもう一度確認し、各個教会に対する地方連合の権限と責任を文言化することになった。

（1）　各個教会の信仰告白、地方連合の信仰告白

初期のアメリカ・バプテストの間には、各個教会の信仰告白を所有していたところもあった。一六九七年、ペンシルヴェニアのキーシアン・バプテスト教会（Kiethian Baptist Church）では、使徒信条を下敷きにして作成した教会の信仰告白を公にしており、一七〇〇年には、同じ地域のローワー・ダブリン・バプテスト教会（Lower Dublin Baptist Church）も、教会の信仰告白を作成している。もっとも、内容的には、今日理解されているような信仰告白というよりも、信仰における契約共同体としての教会の約束事を文字にした「教会契約」であったと推測される。いずれにしても、各個教会が独自に自らの信ずるところを文言化する伝統があったということであろう。一七四二年の地方連合総会では、地方連合が信仰告白を持つという提案に対して、各個教会の代議員から目立った反対があったという記録は『議事録』には特記されていない。それどころか、連合内の諸教会は信仰告白の印刷費を分担するなどの決定がされているので、それが代議員の大方の賛同を得たことが推測される。民主的で拘束力の緩やかな相互関係を前提とした各個教会と地方連合であったが、各個教会に対する地方連合の権限と責任を明らかにす

るため、地方連合は一七四九年、ベンジャミン・グリフィス（Benjamin Griffith, 1688–1769）を指名してその文書の作成にかからせた。これが「小論（*The Essay*）」である。

（2）ベンジャミン・グリフィス「小論」（*The Essay*）について

「小論」は、バプテストの各個教会主義と各個教会によって組織される地方連合との関係を考えるにあたって押さえるべき要点が網羅されていると思われるので、ここで取り上げておきたい。

「小論」執筆の背景として、地方連合議事録は「われわれ（地方連合）の基本原理が新たな攻撃に晒され、誤解に満ちた悪しき理解がなされているため」と記している。地方連合は、「小論」の刊行に、協力伝道体としての地方連合の各個教会に対する権限と責任の範囲を明らかにすることを期待した。加えて、地方連合に対する誤解が回避され、後世のバプテストが必要以上の権限と権威を地方連合に与えたり、その反対に地方連合が自らの権限を誤解して、各個教会の上に不当な権威を振りかざすという憂慮すべき事態を未然に防ぐことも念頭に置かれた。

本文は、以下のように構成されている。まず、地方連合の基本構成単位である各個教会の理解、次に地方連合と各個教会のあるべき関係、最後に各個教会から送り出される代議員の総会における役割についてである。

まず、最初の点については、各個教会の独立と自治に焦点をあてて次のように述べている。「各個教会は、福音の働きに関係するあらゆる事柄を行なうためにイエス・キリストから必要かつ十全な権威と権限を与えられている。それについては、他のいかなる教会や団体からも独立しており、拘束を受けない」。その上で、各個教会と地方連合の相互関係について、「神の配剤ないし聖霊の導きにより、必要が生じた場合、各個教会は自主的合意をもって協力組織を形成することができ、またそうすべきである」とし、共通の目的のために諸教会の協力が必要とされており、そのために各個教会を構成単位とした協力組織を作ることができると述べている。その際の必須条件は、「信仰の教えとその実践において一致しており、かつ諸教会の権威と権能の独立性が認められる」ことであり、それが共通認識とされなければならなかった。したがって、連合の基本構成単位である各個教会は代議員もしくは代表者（representatives）を選び、その人物を連合総会に送り出すことにより、間接民主制をもって総会の議論に参加すべきことが述べられている。教会の代議員は、送り出された教会から大きな権限が委ねられているため、議場における代議員の発言は尊重され、総会はそれをもって各個教会の意志を尊重しなければならないと明記されている。地方連合の協議会や委員会は教会の代議員によって構成され、各個教会の上に監督権を持つ高等裁判所のような存在ではなく、各個教会を脇から支えて助ける働きをするべき旨が述べられ、各個教会に対する地方連合の権限に制限が加えられている。

それぞれの教会が相互に共通する信仰理解とそれに基づく信仰の実践の一致を基盤に据え、その上で各教会が自主的に参加し組織した地方連合である以上、この前提から外れた教会が出てきた場合、コリントの信徒への手紙二、六章十六―十七節を聖書的根拠にして、公式な手続きを経た上、地方連合総会の責任でその教会に脱会を求めることができるとした。この点に関して、地方連合が暴走しないように、その権限に最低限の制限が設けられた。「小論」には、「ある人たちが述べているように、地方連合は、問題のある教会や秩序の混乱した教会を（それを教会ではないとして）破門・除外することで、悪魔に引き渡す権限は持つべきではない。しかし、そのような教会を地方連合から除名する議決権や、その教会の代議員が連合の協議に臨席することを拒む権限はある」と記されている。協力関係を構築する前提である共通の信仰理解とその実践から外れ、それゆえに譴責《けんせき》に値する教会や教会員が連合内に存在する場合、連合は与えられた権限と責任の範囲で、福音が教えるところにしたがって忠告と助言を与えることができるとされている。それればかりか、もし必要であれば、「地方連合から有能な人材を派遣し、イエス・キリストの命令のもと、教会に与えられた権威を用いることによって教会を助け、教会の側に立ち、問題の人物やグループが引き起こしている危害から教会を守る」務めがあることも、同時に述べている。

ここには明らかに、地方連合として協力関係にある諸教会の間には一致が見られるべきであり、その一致は信仰の内容とそこから出てくる信仰の行ないの一致が求められている。これを裏付ける聖書的根拠として、使徒言行録十五章のエルサレム会議の箇所が選ばれ、それに「（この当時は）すべての教会が一つの教会とみなされており、これらの教会の監督たちの権限は普遍的なものであった。なぜなら、すべてのキリストの教会において、信仰においては一致を見、信仰の実践においては調和を保つべきであったからである。（略）仲間の教会に異端者が出、教会の群れを痛め、分裂させようとしたときには、教会の監督たち全員はただちに集まり、問題の教会を救うために相互は固く結びつき、献身的にことにあたった」という注釈が添えられた。

（３）　コンセンサスの形成とそのシステム

地方連合の信仰告白が採択された後も、各個教会や教会員から地方連合総会に提出される「質問」の数と内容は変わることはなかった。しかし、以前に比べて顕著になったのは、返答に高度な神学的知識を要する問いを含む質問が多くなり、地方連合の信仰告白を参照せよとの忠告が頻度を増している点である。地方連合の運営のために事務的なシステムが整備されていったこともこれと連動している。この必要は、地方連合に加盟する教会数が増え、連合自体の規模が大きくなったことが主な要因の一つであった。一七六六、六七年には、経済的困難に喘ぐ各個教会を恒常的に支援するために財務システムの整備が始まっている。これとは別に、当時、国内で台頭していた普遍救済の立場に共感し、信奉する教会員の取り扱いについて各個教会が苦慮していたため、その対処に関する問い合わせの件数が増加の一途をたどっていたが、これについても連合は応答の義務を負っていた。例えば、一七五二年、「神の計画によって予め決められている選び、原罪の理解、聖徒〔＝信仰者〕の堅忍などを否定する人物が教会で共に晩餐を取り、交わりに入ることが許されるか」という問いがなされているが、これに対して地方連合は、「これら基本的な教義に関しては、地方連合の信仰告白に聴くこと」と返答している。

このように地方連合の規模が大きくなり、連合内の交わりと協力を支える絆としての信仰に関する神学的な問いが数多く出て来るようになればなるほど、地方連合の信仰告白に共通の信仰的基盤を求め、以前にも増してその内容をより正しく理解したいと強く求めるようになるのは自然なことである。このことは結局、地方連合をして加盟諸教会との間に信仰の一致と連合内の調和への模索を促すこととなったが、それは、毎年の総会後、各個教会あてに発送される総会文書からも言えることであった。一七六一年以来、毎回の総会後に、「牧会書簡」（Pastoral Letter）と題された信書が総会議事録に折り込まれて各個教会に送られた。それが、一七七四年以降は、「回覧書簡」（Circular Letter）と銘打たれ、諸教会がもれなくこの文書を読むことが期待された。当初、総会議長と書記の責任で作成されたこの「回覧書簡」の内容は、「フィラデルフィア信仰告白」の注解が中心であったが、それに加えて、時々に選ばれた教義の基本に関する解説や、聖書注解に基づいた説教も掲載されるようになった。「回覧書簡」に込められた地方連合の熱意は、その中に盛られた情報量の多さにも反映されている。年によっては、議事録の長さと同等、またはそれ以上の長さの「回覧書簡」が各個教会に送られることがあった。こうしたことは一八〇七年まで続き、十八世紀後半から十九世紀初頭にかけて、フィラデルフィア・バプテスト地方連合が、その存立の内的共通基盤である信仰理解を各個教会レベルで再確認し、連合として更なる結束を図って取り組むべき課題に直面していたことを物語っているように思われる。

第三節　進展する働き

アメリカのバプテストは中部植民地で大きな飛躍を遂げ、地方連合を結成し、アメリカ・バプテストの最初の信仰告白である「フィラデルフィア信仰告白」を採択して、アメリカのバプテストとしての自覚を持ちながら、働きを広げた。加えて、十八世紀に起こった信仰大覚醒（Great Awakening）、とりわけ第二次信仰大覚醒（Second Great Awakening）の結果、教会数は増加し、国内・国外の伝動活動を支える組織が誕生するなど、ますます働きは進展した。

第一項　信仰大覚醒とバプテスト

（1）概要

十八世紀には第一次、第二次という二度の大きな信仰覚醒運動が起こったが、その背景については、教会内の倫理や紀律の緩み、ピュリタン第三世代に顕著となった宗教や信仰に対する関心の低下などの宗教的要因と共に、社会要因をも含む複合的な背景が指摘されている。この信仰覚醒運動は、単に教会内部だけではなく、社会にも影響を及ぼしたとも言われているが、これについては様々な指摘がなされている。その中には、本国イングランドの王政復古に伴う従来のニューイングランド地方の植民地の政治形態の修正、アメリカ先住民との関係悪化を含む社会不安も要因としてあったという指摘がなされている（森本あんり『アメリカ・キリスト教史』、四五―四六頁）。

信仰復興運動の集会の様子（安武秀岳『大陸国家の夢』講談社現代新書，1988，p.165）

第一次信仰大覚醒の代表的な指導者は、ジョージ・ホイットフィールド（George Whitefield, 1714–1770）である。ホイットフィールドはイングランドのメソジスト派牧師ジョン・ウェスレー（John Wesley, 1703–1791）、チャールズ・ウェスレー（Charles Wesley, 1707–1788）の同労者で、一七三八年以降、数度にわたってアメリカを訪問した。イングランド植民地には七回訪れており、大西洋沿岸を北から南まで巡回し、各地で信仰復興の種を蒔《ま》いた。その集会には一度に数千人に及ぶ聴衆が押しかけたと言われる。伝道集会は、屋内ばかりではなく屋外でも行なわれ、教会をはじめとしてハーバード、イェールなどの大学でも行なわれた。その結果、多くの人々が信仰の覚醒を経験し、教会に活気があふれるようになった。多くの信徒伝道者が起こされ、その中から巡回伝道者も誕生した。ホイットフィールドは牧師の説教スタイルにも影響を与え、感情を表に出さない従来のもの静かなスタイルとは異なって、口調も身振りも情熱的な大衆伝道に適した説教スタイルを広めた。信徒たちは個人的な祈りを奨励するデヴォーショナルな内容の信仰書を好み、信仰生活における魂の平安や慰めを求めるようになった。

他にも、ギルバート・テナント（Gilbert Tennent, 1703–1764）、ジョナサン・エドワーズ（Jonathan Edwards,

1703–1758）らが中心的人物として知られるが、特にエドワーズは「アメリカで最初の神学者」と謳《うた》われ、後にプリンストン大学の学長を務めたアメリカ・キリスト教史の代表的な人物である。

エドワーズは、牧師の息子としてコネチカットに生まれ、長じてイェール大学に学び、自らも牧師になることを目指した。ホイットフィールドの来訪前、コネチカットで信仰覚醒の先鞭をつけたソロモン・ストダード（Solomon Stoddard, 1643–1729）が牧師をしていたノーサンプトンの教会で牧師として働き始め、同時に地域の巡回伝道にも従事した。そのエドワーズを一躍有名にしたのは、一七四一年、隣町エンフィールドで行なった、「怒れる神の手の中にある罪人（Sinners in the Hands of an Angry God）」という説教である。信仰の覚醒を促した説教としてアメリカ史上、最も有名なものとなった。エドワーズはこの説教で、罪からの速やかな救いの必要を訴えたが、後日、海外宣教を志した多くのキリスト者の中には、この説教に深く感銘を受けた者たちがいた。

（2）　多様なバプテストが生まれる

信仰大覚醒の結果、プロテスタント諸教派の多くは、教勢を伸ばしたが、バプテストもその例にもれなかった。しかし、それは、覚醒運動の直接的な影響がバプテストに及んだというよりは、信仰覚醒を経験した多くの他派の教会員が、信仰者のバプテスマというバプテストの伝統的な主張に魅せられ、自らの教派を離れてバプテストに転入したためであった。シューバル・スターンズ（Shubal Stearns, 1706–1771）、ダニエル・マーシャル（Daniel Marshall, 1706–1784）はその好例である。両者はもともと会衆派であったが、信仰大覚醒によってバプテスト教会に転入会し、その後、家族と共に南部植民地ノースカロライナに移ってバプテストの伝道を始めている。

信仰大覚醒が既成教会に与えた衝撃の波は大きく、そのために内部に覚醒運動を支持する者、しない者が出て、教会分裂が生じるところも出て来た。バプテストでは、後にアメリカ南部のバプテスト特有のグループと言われるようになるレギュラー・バプテストやセパレート・バプテストは、信仰大覚醒をめぐる分裂を契機として生まれたグループであり、その後のアメリカ・バプテストの信仰形成に深く影響を与えた。両者の間には、礼拝観や牧師観に違いがあった。レギュラー・バプテストは、従来の伝統を重んじ、礼拝にカルヴァン主義神学の影響を色濃く出して、礼拝における形式や順序を重視した。牧師には正規の神学教育を受けた人物を好み、招聘した。他方、セパレート・バプテストは、より自由で感情の発露を尊重する礼拝形式を好み、讃美歌も黒人霊歌のような魂の表出をうたうものを好んで取り入れた。牧師は、レギュラー・バプテストとは異なり、神から直接に伝道者としての召命を受けたとする人物が求められた。正規の神学教育を受けた牧師は、神からの召命が曖昧な「霊的ではない者」として敬遠する傾向があった。このような違いを持ちながらも、明確で自覚的な回心体験を求める点では共通していた。

第二項　教派の自覚と協力伝道組織の開設

（1）　バプテストの国外伝道

英語圏における近代海外伝道の先鞭は、イングランドのバプテストによってつけられた。一七九二年に結成されたパティキュラー・バプテスト異教徒福音宣教会（The Particular Baptist Society for the Propagation of the Gospel among the Heathen）がそれである。この団体は、翌年、ウィリアム・ケアリ（William Carey, 1761–1834）を最初の国外宣教師に任命し、インドへ派遣している。アメリカのバプテストたちも早くから海外の伝道に関心を寄せ、アメリカン・ボード（The American Board of Commissioners for Foreign Missions）を通じて、ケアリをはじめとする宣教師を支えてきた。

しかし、イングランドのバプテストが国外伝道を始めると、それに刺激を受けたアメリカのバプテストたちは自分たち教派の国外伝道活動を望むようになった。その結果、一八一四年、南北一一の州とコロンビア特別区から、合計三三名の代議員がフィラデルフィアに集まり、アメリカ・バプテスト外国伝道総連盟（The General Convention of the Baptist Denomination in the United States for Foreign Missions）が設立された。これは、「トライエニアル・コンヴェンション（Triennial Convention〔三年ごとに開かれる総会〕の意味）の通称で親しまれ、アメリカで最初のバプテスト派の協力伝道組織として誕生した。この団体は、アジア、アフリカ、ヨーロッパなどの国外はもとより、アメリカ先住民居住区など国内の伝道も行なった。

（2）　ルーサー・ライスの活躍

このトライエニアル・コンヴェンションの誕生は、ルーサー・ライス（Luther Rice, 1783–1836）の尽力によっている。ライスは元々、アメリカン・ボードの宣教師として、一八一三年、インドへ派遣され、一足先に赴任していたアドニラム・ジャドソン（Adoniram Judson, 1788–1850）、その妻アン・H・ジャドソン（Ann H. Judson, 1789–1826）と共に伝道活動に携わる予定であった。ジャドソン夫妻はアメリカからインドに向かう船上で、バプテストの浸礼による信仰者のバプテスマを聖書的なバプテスマと確信するに至り、現地に到着してまもなくイングランド・バプテストの宣教師から浸礼を受けてバプテストとなった。その後、遅れて合流したライスはジャドソンに導かれて、ジャドソンから浸礼を受け、バプテストになった。ジャドソン夫妻とライスは、バプテスト派の宣教師として活動することを希望し、現地のイングランド・バプテストに協力を要請したが、うまく事は運ばなかった。結局、アメリカのバプテストに協力を取り付けることとなり、ライスがアメリカへ渡ることになった。ライスは、フィラデルフィアのバプテストに協力を求め、成功したが、忠告を受けて南部のバプテストにも同じように協力を要請することにした。ニューイングランド地方からジョージアまでを南下し、点在する南部のバプテスト諸教会を回って、アメリカのバプテストによる国外伝道団体設立の幻を語り、協力と支援を求めて説得にあたった。それまでアメリカのバプテストでは、フィラデルフィア地方連合のように、地方連合単位で伝道活動を行なっていたが、ライスの尽力によって全国レベルでバプテストの伝道協力が始められた。

（3） 伝道協力への情熱

その結果、一八一四年にアメリカ・バプテスト外国伝道総連盟が創設された。この全国レベルの組織が誕生したことにより、全国バプテスト文書伝道協会（The Baptist General Tracts Society）のような全国規模の協力組織ができるようになった。この文書伝道組織からアメリカ・バプテスト文書伝道・教会学校協会（The American Baptist Tract and Sunday School Society）が生まれた。アメリカ・バプテスト国内伝道協会（The American Baptist Home Missionary Society）も創設され、バプテストによる高等教育への関心も高められ、ニュートン神学校（Newton Theological Institution）の前身にあたるコロンビアン・カレッジ（Columbian College）が、一八二一年、首都ワシントンに開校した。このように、共通の目的のために自ら選択して協力伝道団体を支え、自主的に献金を捧げることで、意識の高い各個教会や教会員が積極的に協力伝道に参加する道が開かれるようになった。

アメリカのバプテストは、南北の地域差を超えて、同じ信仰に立つ教派の仲間としての伝道協力を惜しまなかった。たとえば、トライエニアル・コンヴェンションの創設と運営には、リチャード・ファーマン（Richard Furman,

1755–1825）、ウィリアム・ジョンソン（William B. Johnson, 1782–1862）ら南部のバプテストの指導者、トマス・ボールドウィン（Thomas Baldwin, 1753–1825）、フランシス・ウェイランド（Francis Wayland, 1796–1865）ら北部のバプテストの指導者の結束が不可欠であり、事実、その協力によってトライエニアル・コンヴェンションは創設の運びとなったのである。しかし、そのような関係も、四一年後の一八四五年には、奴隷制を巡る意見の相違によって破綻に至った。

第三項　西部開拓と教派の成長

この時期のバプテストの発展は、西部開拓による人々の移動とも深く関係している。この場合、「西部」とは東海岸を走るアパラチア山脈地方一体を指し、南部のノースカロライナ州、テネシー州、ジョージア州へと続いて、ヴァージニア州、ウェストヴァージニア州、ケンタッキー州、テネシー州までを含む地域を指す。人々は北東部からこの「西部」に移ってくるが、第二次信仰大覚醒は実にこの西部開拓地で起こった。その特長は、長老派、メソジスト派、バプテスト派などが共同で「キャンプミーティング」と呼ばれる野外の一大伝道集会を頻繁に行なったことである。中でも一八〇一年八月にケンタッキー州ケインリッジで行なわれた集会はその中心となり、長老派牧師バートン・ストーン（Barton Stone, 1772–1844）は中心人物として役割を果した。この集会の参加人数は、のべ一万人から三万人と推定されている。年間に数百回単位でこのような集会が行なわれていた。第二次信仰大覚醒を中心的に担った教派は長老派であったため、長老派の教派人口が増えるのは当然であるが、メソジスト、バプテストもその恩恵にあずかった。

バプテストの場合、一八〇〇年から三年間の間に、ケンタッキー州内だけで約一万人以上がバプテスト教会に加

第二次信仰大覚醒のキャンプミーティング（フスト・ゴンサレス『キリスト教史 下巻』新教出版社，2003，p.242）

わったと言われている。このような急激な教会員の増加によって牧師の需要が高まったが、西部開拓地のバプテストの牧師のほとんどは、週日は農夫として働き、週末は牧師となるという「ファーマープリーチャー」であったため、中にはふさわしくない説教者や牧師、また詐欺まがいの伝道者までもが生まれることがあった。その防止策として、牧師として正式に認可し、その人物に伝道と牧会の働きを委ねる「按手」の手続きを教会内で整える必要が公に語られるようになったのもこの時期のことである。

西部開拓地におけるバプテストの発展は目覚ましく、その後の教派人口増加の基盤となったが、その大きな要因の一つは、他派とは異なり、牧師が開拓民の一人として人々と共に働きつつ、主日には講壇に立つという親近感のあるスタイルを取っていたためである。また必要であれば、週日でも牧師として開拓民の葬儀も司った。他教派の場合は、人々は牧師が開拓地に出かけてくるのを待ち、その到着をもって礼拝や結婚式も執り行なわれた。説教についても、バプテストの牧師は、素朴な語り口とわかりやすい内容で情熱的に福音を語り、それが開拓民の心を魅了した。個々人の信仰の自由を尊重し、教会内の身分や学歴の差を嫌い、民主的に物事を進めるバプテストの伝統が開拓民の心情と生活観によく訴えた。バプテストはまた、魂の新生者に対して信仰者に相応しい倫理を強く求めたので、厳しい労働環境の中で身も心も殺伐となり勝ちであった開拓民の日常生活に、一定の規律を与える信仰スタイルが歓迎もされ、必要ともされた。このこともまた、西部開拓期にバプテストの勢いを伸ばした要因の一つとも考えられている。

第四節　バプテストと南北戦争

十九世紀のアメリカ社会では、奴隷制度の是非をめぐる北部と南部の緊張と対立が国内を二分するほど顕著になったが、それはキリスト教界でも同様であった。バプテストにおいてこの緊張は、一八一四年来続いて来た南北バプテストによる協力関係が消滅するか否かという、歴史的な事件として表面化した。既存の政治体制や社会通念が聖書の使信と相容れないときには、それに対して「否」を表明してきたバプテストも、伝道活動の実際においては社会の状況と分かちがたく結びついており、場合によってはそれが協力関係の在り方にも影を落とし、伝道協力の精神に亀裂をもたらすことがあった。奴隷制に対する南北バプテストの相違はその好例と言える。

第一項　奴隷制に対する南北バプテストの姿勢

（1）　アメリカにおける奴隷制

アメリカにおける奴隷制の始まりは、一六一九年、オランダの小型船が二〇名ほどのアフリカ人を期限付き労働者としてヴァージニア州ジェームズタウンに運んだことにさかのぼる。当時、イングランド植民地には「奴隷」という社会的・法的身分が存在していなかったためである。しかしその後、契約雇用による奴隷の労働形態は消滅し、その結果、一六六〇年には奴隷が正式に社会構造に組み込まれることになった。そのために、北部、南部の両地方で奴隷の所有が公的に認められたが、次第に奴隷制を巡る南北の姿勢に相違が生じてきた。北部ではイングランドからの影響や圧力もあって、奴隷制反対は世論となり、合衆国建国の折には奴隷制廃止に踏み切った。一七九四年、奴隷制度廃止促進会議（American Convention for Promoting the Abolition of Slavery）が開かれ、その結果、北部と北西部では奴隷制度撤廃を表明する州が増加した。一八〇八年には、連邦議会によって奴隷貿易が正式に禁止された。しかし連邦憲法第一条第九項では「一八〇八年までは、現に存在する州が入国を適当と認める人物の移民または輸入は、連邦議会によって禁止されてはならない」とされ、それ以前の奴隷売買には言及しなかった。北部におけるこのような一連の進展には、ウィリアム・L・ギャリソン（William Lloyd Garrison, 1807–1879）など、進歩的な思想をもった活動家たちの大きな貢献があった。

南部の奴隷制は、アフリカとの奴隷貿易と結びついて地域に定着した。プランテーションと呼ばれる大規模農園の経営者たちは、イングランドの木綿需要に目をつけ、これまでの主要作付け品目であったタバコから綿花の栽培に大幅に切り替える者たちが増加した。イングランドでは産業革命で産業の機械化に成功しており、綿製品の製造が産業の基軸となったため、生産量において世界の群を抜いていたが、その原材料となる綿花の大半はアメリカ南部の大農園主が所有する奴隷の労働力によって生産されていた。一八〇〇年代のはじめ、イングランド国内の綿花の総消費量の八〇パーセントはアメリカ南部が産出していた。このように、当時のアメリカ南部の経済を支えていたのは綿花であったと言っても過言ではなく、奴隷抜きの南部社会は考えられず、また経済発展も不可能であった。

（2）　教会と奴隷制

アフリカ人が奴隷としてアメリカの土を踏んで以降約二〇〇年の間、奴隷問題は文化的・社会的課題として国内外で断続的にではあったが議論されてきた。それはキリスト教界においても例外ではなかった。教会は奴隷に関心を寄せたが、それも当初は人道的な共感からというよりは奴隷に対する伝道の熱意からであった。このような傾向は、プランテーションが地域社会の中心であった南部において顕著であった。南部社会では、熱心で有力な教会員のほとんどは奴隷を所有していたので、自分の奴隷を回心に導くことが信仰者の使命であると理解する者が多かった。信仰大覚醒の時期には、そのような信仰熱心な教会員の主人が奴隷に野外の大伝道集会に出席することを許した。特に第二次信仰大覚醒では、多くの奴隷がキリスト教を受け入れ、バプテスマを受けて教会員となった。一八三〇年代には、アングロ系アメリカ人とアフリカ系アメリカ人（奴隷）が同じ教会に属し、同じ礼拝に出席することも見受けられた。

このように奴隷と奴隷所有者が同じ教会の教会員であり、共に礼拝を守るということが珍しい光景ではなくなったとは言え、教会内で両者の社会的相違が一気に解消された訳ではない。南部の教会では、礼拝堂内部に奴隷の教会員が着席する場所を別に設けるのが常であり、世俗の社会構造はそのまま教会に持ちこまれた。一八三〇年代、南部には十四万人の奴隷の存在が確認されていたが、そのほとんどは教会籍を持つ正規の教会員であった。バプテストをはじめとするプロテスタント諸教派では、奴隷制を巡る南北社会の対立が教派内部の対立や分裂にもつながった。たとえば長老派は、信仰大覚醒をめぐってそれに反対する「オールドスクール」、賛同する「ニュースクール」に分裂したように、奴隷制についても、前者はそれを社会制度の問題であるとして、教会はそれに関与しないという見解を一八四九年に表明した。他方、後者は翌一八五〇年に、より批判的な見解を明らかにした。南部の長老教会は奴隷制支持をもって一八五七年に南部長老教会を創設した。メソジストでも一八三六年の年次総会で奴隷制の是非が議題となり、一八四八年以降、南北メソジストがそれぞれの立場に立って別個の組織を作るに至った。

十九世紀の国内の奴隷問題は、一八三〇年代以前は経済問題として議論されたが、それ以後の十年間は、専ら倫理問題として議論されるようになった。それに沿って、奴隷制に対する南北バプテストのスタンスも変化してきた。たとえば、北部のバプテストは、一八二〇年、フィラデルフィア地方連合の呼びかけで、奴隷を所有する全バプテスト信徒に奴隷の解放を呼びかける集会が計画された。他方、南部のバプテストは、教会とプランテーションの結びつきが深く、プランテーションを基盤とした地域経済の恩恵を大きく受けていたため、北部のバプテストほどには奴隷制に否定的ではなく、当時はまだ伝道協力関係にあった北部のバプテストが唱える奴隷解放に賛成しなかった。南部では大農園主ばかりではなく、政治家、大学教授、牧師など、地域の指導者層がこぞって奴隷制を支持した。すでに当時、奴隷制を倫理的人道問題として取り上げていた北部とは異なり、南部では未だにそれが経済問題の域を出ていなかったと言える。南部は何世代にもわたって奴隷制の上に社会を形成してきたので、奴隷解放を唱える北部の人たちを「博愛に富む理想主義者」と公に揶揄《やゆ》したり、南部の社会、文化、伝統の破壊者として敵視する傾向が見られた。

南部のバプテストは、奴隷制維持を求めて積極的に活動した。サウスカロライナ州のチャールストン・バプテスト地方連合は、二度にわたって州議会に奴隷制の法制化を促した。トライエニアル・コンヴェンションの南部側のリーダーであったリチャード・ファーマンはその先鋒であった。牧師であったファーマンは聖書を引用して奴隷制を肯定し、説教でその必要性を訴えた。また、牧師という社会的肩書きを有効に活用して政治家に接触し、奴隷制の法的支持を求めて運動を展開したが、このようなことはファーマンだけに限られたことではなかった。一八〇〇年末、南部バプテスト関係者の奴隷所有者数は、信徒総数の三分の二、牧師数の五分の二を占めていたので、南部バプテストにとって奴隷制廃止は、地域社会の問題としてだけではなく、自らの日々の生活形態に大転換をもたらす一大事でもあった。

第二項　南北バプテスト、分裂する

奴隷制を巡る北部と南部の態度の相違は、南北バプテストの伝道協力のもとで成立していたトライエニアル・コンヴェンション内部にも緊張をもたらした。奴隷制の賛否をめぐり、他教派が内部で対立したり分裂したりするなか、南北のバプテストも似た歩みをするようになる。

（1）　南部バプテスト連盟の誕生

一八四五年、ジョージア州オーガスタに南部のバプテスト教会から二九三名の代議員が集まり、トライエニアル・コンヴェンションからの離脱と南部バプテスト連盟（Southern Baptist Convention）の創立を決議した。出席代議員総数のうち、二七三名は奴隷人口の高い四州（ジョージア、サウスカロライナ、ヴァージニア、アラバマ）からの参加であったので、南部バプテスト連盟が南部の全バプテストの総意に基づいて結成されたと結論づけることは難しい。しかしいずれにせよ、一八一四年にトライエニアル・コンヴェンションが創立されて以来四一年間続いてきた南北バプテストの伝道協力は終わりを迎えた。以後、現在に至るまで友好関係を保ちながらも、それぞれ

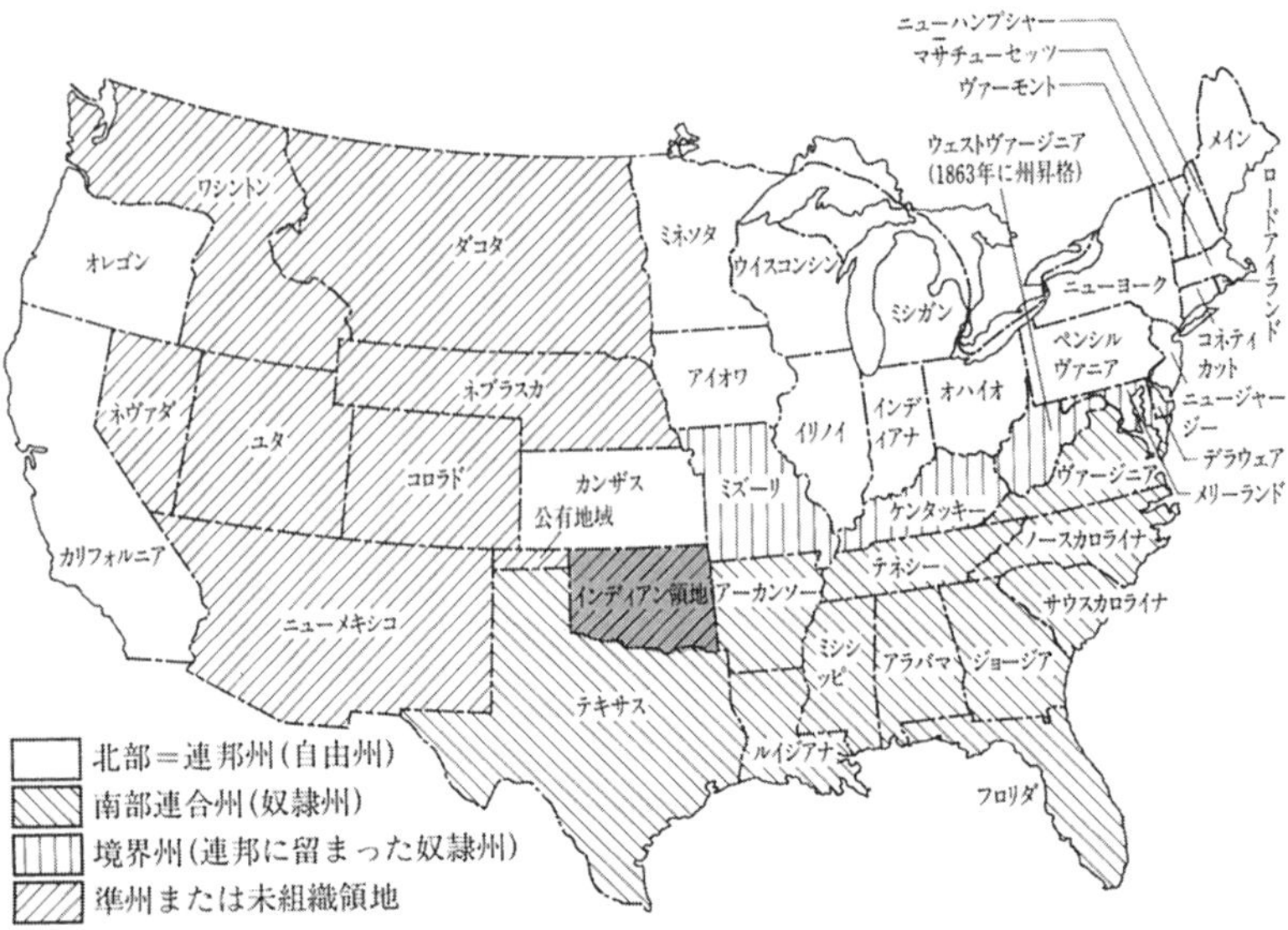

南北戦争勃発時の合衆国（1861年）の地図（大下尚一他編『史料が語るアメリカ』有斐閣，1989，p.300）

別個の組織として伝道活動を行なっている。

（2）分裂を巡る南北の声

分裂に至るまで、トライエニアル・コンヴェンションは奴隷制の是非をめぐる南北バプテストの対立に対して、どのような立場をとって来たのだろうか。実際、コンヴェンション側はあくまでも分裂回避に努めてきた。その理由は、コンヴェンションの設立目的が伝道協力であったためである。南部の奴隷制に対する北部の非難が渦巻く中でさえも、奴隷制については、各個教会において自らの意思と判断で決定することが望ましく、それを超えて協力団体であるコンヴェンションが口を出す事柄ではないという中立の姿勢を貫いて来た。

もっとも、北部、南部のそれぞれのバプテストの間で分裂回避の声が上げられなかったわけではないが、それは少数に留まった。北部バプテストのソロモン・ペック（Solomon Peck, 1800–1874）は、当時の北部バプテストの声を代表している。ペックは、南北分裂の回避を主張し、たとえ分裂を余儀なくされたとしても、同じ志を持つバプテストが南北の垣根を越えて手を携え、新たな協力伝道団体を組織することを提案し、両バプテストの協力関係の存続をあくまでも訴えた。南部側では、地方連合が発行する新聞紙上で分裂回避の主張が発せられた。ケンタッキー州のバプテスト地方連合紙『バーナー・アンド・パイオニア』は、この分裂が一協力伝道団体の分裂に止まらず、アメリカという一つの国の分裂にもつながることを予見し、ペック同様、南北バプテストはそれぞれ独立して伝道団体を立ち上げることになっても、従来の協力関係を維持すべきであると主張した。

（3）伝道協力の終わり

南部バプテスト側が、一見強硬とも見える仕方でコンヴェンションからの離脱を進めた背景には、奴隷制に対する立場の相違が主な要因ではあったが、それとは別に、国内宣教師の派遣先や総会開催地の問題などをめぐって、南北バプテストの間に微妙な緊張と不満が蓄積されていたことも要因の一つであった。それは一八四四年に起こった二つの出来事によって露わとなった。その年、ジョージア・バプテスト地方連合は、ジェームズ・リーヴ（James Reeve, 1784–1858）を国内宣教師の候補者として、コンヴェンション傘下のアメリカ・バプテスト国内伝道協会（American Baptist Home Mission Society）に推薦した。リーヴは奴隷所有者であったが、それを承知の上での推薦だった。コンヴェンション側は、リーヴが奴隷所有者であることを理由に推薦を拒否することはなかったものの、最終的には、コンヴェンション派遣の国内宣教師としては相応しくないと判断し、ジョージア・バプテストの推薦を却下した。

その後、時を経ずして、今度はアラバマ・バプテスト地方連合から、「奴隷所有者は宣教師として任命されうるか否か」という主旨の質問状がコンヴェンションに提出された。コンヴェンション側は、ジョージア・バプテストのときと同じように、中立的な立場を表明したが、今回はそれに加えて、奴隷所有の宣教師任命は、「痛恨の極みである」という文言を新たに添えた。この追加は、先のジョージア・バプテストに対する回答よりも踏み込んだ表現であり、南部側を刺激するに十分であった。結果的には、これを機に南部のバプテストによるコンヴェンション離脱が加速されたのである。南部のバプテストが抜けた後のトライエニアル・コンヴェンションは、南部バプテスト連盟結成の翌年にあたる一八四六年、北部のバプテストによって構成される「アメリカ・バプテスト宣教同盟(American Baptist Missionary Union)」に再編された。

第三項　南北戦争と南北バプテスト

(1)　異なる戦争観

一八六一年に始まった南北戦争は、一八六五年に南部連合将軍リーが北部連合に降伏することで終結を迎えた。戦時中、南北のバプテストは共々にこの戦争を支持し、教会員は志願兵として、牧師は従軍牧師(チャプレン)として前線に赴いた。教派はその後押しをして、間接的に戦争にかかわっていった。戦争開始の一八六一年、南北両バプテストは南北戦争に対する立場を公にしている。北部バプテストではアメリカ・バプテスト宣教同盟が、南部バプテストでは連盟の年次総会が、それぞれの地域の政府を支持し、戦争勃発の原因が相手方にありと宣言した。双方は自らの信仰的立場から南北戦争の正義をそれぞれ主張し、信仰的に正当化した。北部バプテストは、この戦争が不当にも南部側から売られたものであると述べた後、「我らの父祖らの救い主なる神の御力において(“the strength of the Lord God of our fathers”)」戦争が正しく導かれ、北軍が勝利することを祈念し、南部バプテストは、「南部の勝利は神の御手の中にあり。神は南部軍に栄誉を与える（"the hand of God in the preservation of our victories with which he has crowned our arms"）」と、一八六三年の年次総会で述べた。このように、南北両バプテストにとって南北戦争は、それぞれの地域の政治的・社会的事柄であると共に、自らの信仰にもかかわる事態であった。両者はそれぞれ、神の御名において自らの勝利を祈り、神の御手が自分たちの側にあるために勝利に導かれるという信仰的確信をもって戦争を肯定し、支持した。このことは、敗戦後の南部バプテストが、当時南部社会で広く受け入れられた「失われた大義（the Lost Cause）」という考え方に基づいて南部の敗戦を肯定的に解釈し、その解釈に立って戦後復興に果敢に取り組んだことに深く関係している。

（2）　戦中・戦後の南北バプテストの伝道

興味深いことに、この時期、相互に敵対関係にあった南北バプテストが声を一にしたケースが一つある。それは、従軍牧師の給与を税金から支払うことに対する反対であった。しかし、戦時下には、両バプテストは独自に伝道活動を展開した。南部バプテストは、他の教派と競って軍人の個人伝道に励んだ。戦線に赴く兵士たちに聖書、信仰書、トラクトなどの文書を専門に配布するセールスマンを雇い、大きな成果を上げて、文書伝道では他派の追随を許さなかった。

北部軍の優勢は南部への進軍を可能にしたが、それに伴い、連邦政府は北部バプテストの国内伝道協会に、南部のバプテスト教会を管轄下に置くように命じた。戦争によって牧師や教会員を失い、存亡の危機に立たされていたこれら南部バプテストの教会の中には、北部バプテストの救援によって消滅を免れたところも少なくなかった。もっとも、南部バプテストのテリトリーで北部バプテストが働きを展開する事態は、開戦直後から起こっていた。

開戦の翌年にあたる一八六二年、サウスカロナイナに三名、ミズーリに一名を、一八六三年には、ケンタッキー、ルイジアナ、ネテシーに各一名、ヴァージニアに二名、ミズーリに三名、サウスカロライナに四名と、年を追って南部バプテストの伝道圏に北部バプテストの国内宣教師が派遣され、その数は増加の一途をたどっていた。戦後は、この状況に拍車がかかり、とりわけ解放奴隷への伝道や教育の働きにつながっていった。

一八六五年、南北戦争が終結すると、国内では連邦政府による「一つのアメリカ」の誕生が期待されたが、最大の抵抗勢力は言うまでもなく南部側であった。南北バプテストの中にも、敗戦による南北バプテストの協力関係の再構築を待望する声があがり、北部バプテスト側は積極的にそれを働きかけるも、南部バプテスト側はことごとく拒否するという具合であった。北部バプテスト側はこのような南部バプテスト側の姿勢に苦慮したが、中にはフランシス・ウェイランドのように、それに対して厳しい南部批判を公にする指導者もあった。

（3）　黒人（アフリカ系アメリカ人）バプテスト教会の発展

南北戦争開戦当初から南部バプテストは南部連合を支持し、連盟の年次総会の場でもアメリカ二分国説を支持するほどであった。しかしすでに開戦から二年後の年次総会では、南部バプテスト系大学の一時閉鎖、バプテスト大学の学生の従軍による学生数の減少、州連合機関紙の縮小、国内や国外における伝道計画の停滞など、戦争に起因する痛ましい状況が相次いで報告されるようになった。加えて先に述べたように、戦争で疲弊した南部バプテストの伝道圏における北部バプテストの活動は進められ、北部バプテストの国内宣教師が派遣されていた。

南北戦争に伴う奴隷制の廃止は、南部バプテスト連盟にとって大きな痛手となった。連盟結成時、全教会員数三五万一九五一人のうち、一万一〇〇〇人は奴隷であった。大統領リンカーンによって一八六三年に出された「奴隷解放宣言」は、戦争終結の一八六五年に合衆国憲法修正第一三条の制定で法的に定められた。これには、南部の奴隷や連邦政府に忠誠を誓った奴隷所有者の奴隷の解放までは触れられていなかったが、一八六五年の修正条項は全奴隷の解放を法的に定めた。その結果、南部バプテストの諸教会からおびただしい数の元奴隷の教会員が離れてゆくことになった。最も早いアフリカ系アメリカ人のバプテスト教会の存在は十八世紀中頃に確認されているが、それが教派教会としての形を取るようになるのは南北戦争以降のことである。戦争末期には約二〇〇のアフリカ系アメリカ人のバプテスト教会（北部に約七五前後、南部に一三〇）があった。戦後、新しく教会を始めたアフリカ系アメリカ人のバプテストの多くは、戦前に白人教会の教会員であった元奴隷であった。

黒人教会の様子（フスト・ゴンサレス『キリスト教史 下巻』新教出版社，2003，p.248）

　奴隷解放が法的に確定され、アフリカ系アメリカ人は社会的な自由を享受できるようにはなったが、一夜にしてこれまでの差別や偏見がなくなったというわけではない。クー・クラックス・クラン（Ku-Klux-Klan）が組織され、アフリカ系アメリカ人へのリンチや暴力が繰り返された。また、ジム・クロウ法の制定によって人種隔離の制度化が加速した。そのような中でも、アフリカ系アメリカ人たちの教会活動は停滞することはなく、南部では戦後直後から各州で地方連合の結成が続いた。今日もっとも大きなアフリカ系アメリカ人のバプテスト団体は「アメリカ全国バプテスト連盟（National Baptist Convention, USA, Inc.）で、一八八〇年代にできた三つの黒人の協力伝道組織を束ねて一八九五年に創設された。

第五節　二十世紀へ向けて

南北戦争の終結は、敗者側の南部バプテストには戦後復興を、勝利した側の北部バプテストには組織改革を促すものとなった。両バプテストの中には、戦後、「一つのアメリカ」となった今、以前のような協力態勢の復活を希望する声も上がったが、結局南部側の反対で実現を見なかった。

第一項　南北バプテストの戦後の働き

（1）　北部バプテスト

北部バプテストはこれまでの組織を見直し、複数の部門の改編・改称によって、戦後の新しい歴史を始めた。一八六八年に教会教育の必要から創設されたアメリカ・バプテスト教育委員会（The American Baptist Education Commission）は、一八八八年にできたアメリカ・バプテスト教育協会（The American Baptist Education Society）に合併された。この団体は、教会教育だけではなく、シカゴ大学（一八九一年創立）など北部におけるバプテスト系大学や高校の設立を推進した。一九〇七年には、教派の伝道協力組織である北部バプテスト連盟（Northern Baptist Convention）が創設された。その他にも、アメリカ・バプテスト宣教同盟（The American Baptist Missionary

Union）が、一九一〇年にアメリカ・バプテスト国外伝道協会（The American Baptist Foreign Mission Society）に、アメリカ・バプテスト出版・教会学校協会（The American Baptist Publication and Sunday School Society）は、一八四五年にアメリカ・バプテスト出版協会（The American Baptist Publication Society）となり、讃美歌集をはじめとする教会用の書物を広く出版してきた。戦後、名称の変更はなかったものの、事業内容の見直しは行なわれ、より具体的な伝道活動に用いられる出版物の出版に努めた。また、青少年教育にも力を注いで、関連書物の企画・出版を行ない、この分野の働きにおける他教派の模範となった。

（2）　南部バプテスト

南部バプテストの諸教会は、戦争による人的・財的損失のために疲弊しきっていたが、戦後復興に向けて立ち上がらなければならなかった。戦後、一八七七年に至るまで、連邦政府による南部の戦後統治が行なわれた。通常「再建時代」と呼ばれる時代である。その間、南部バプテストは活動の自由が制限され、伝道の働きにも影響が出た。これに対して連盟は、各個教会の独立と自治、政教分離というバプテストの伝統的な主張を前面に出して連邦政府に異議を申し立てた。敗戦の翌年にあたる一八六六年の年次総会では、連邦政府の南部に対するやり方は、信教の自由を侵害しており、明確な政教分離違反であるとして連邦政府を批判し、年次総会決議として声明を出したほどであった。

敗戦の痛手の最中にありながら、伝道の意欲は衰えを見せることなく、戦後直後から、新規の伝道計画を立てて復興を目指した。連邦政府あての抗議文を採択した一八六六年の年次総会では、国外伝道、国内伝道の復興が決議され、連邦政府の戦後統治の終りを待っていたかのように、その計画は実行に移された。国外伝道では、新規に宣教師を派遣する国外伝道地を選び、一八七一年にローマ、一八七九年にブラジルと続き、一八八九年までにメキシコ、中国、アフリカ、日本にそれぞれ宣教師が派遣された。

このような意気込みは、一八七九年に国外伝道開拓委員会が表明した国外伝道理念によく表されている。その理念には、従来の働きを維持するだけではなく、今後ますます活動を進展・拡張させ、教派団体としての南部バプテスト連盟の飛躍的な発展が目指されていた。それに加えて、南部バプテスト連盟の教勢拡大と人材養成に取り組むことが強調された。国内の結束と勢いこそが国外伝道を支える原動力であるとして、物心両面における国内の諸教会の基盤強化を訴え、それをもって国外伝道の活性化を促すという方針を明らかにした。国内伝道と国外伝道は車の両輪のような役目を果たして、南部バプテスト連盟全体に力を与え、支えるものとして理解された。

南部バプテスト連盟の復興がそれに連なる各個教会の復興と連動していたことは当然のことであるが、広義には、南部社会そのものの復興と平行して捉えられた部分も少なくなかった。戦後の南部バプテスト連盟の牽引力として、信徒であり、かつ有能な実業家が中心的な活躍をする場合もでてきた。アイザック・T・ティチェナー(Isaac T. Tichenor, 1825–1902)はその代表的なひとりである。ティチェナーは、北部バプテストに対する強烈な競争意識を持ち、戦後の国内伝道局、日曜学校局の総主事を歴任し、復興期の南部バプテスト連盟を引っ張った。ティチェナー自身、成功したビジネスマンであったので、その経験とノウハウを駆使して戦後の再建に取り組み、新しい時代にふさわしい教会建築案を提案し、病院伝道やアフリカ系アメリカ人のための学校創設など、これまでにないほどの多様で大きなプロジェクトを立案し、成功させた。しかしながら、連盟に対する諸教会の献金や協力の意識は低下したままだった。その解決のために、可能な限りの効率と合理性を求めて、一九二〇年代には数度の連盟組織の機構改革が着手されなければならなかったが、これにもバプテスト・ビジネスマンらによってビジネスモデルが大いに導入され、活用された。

第二項　新しい世紀を迎える

二十世紀に入ると、アメリカのプロテスタント諸教派は、自由主義神学、教会一致運動、社会的福音によって大きく揺さぶられた。中には、これらの運動が伝統的な信仰的立場と異なるとして異端視し、排除する仕方で問題収拾にあたった教派もあった。このような混乱はバプテスト内部にも起こった。とりわけ、南北戦争敗戦後、ようやく教派の復興が緒に就いた南部バプテスト連盟にとっては、このどれもが大きな脅威、挑戦であった。北部バプテストに対する強い競合意識に支えられ、個人伝道を徹底することで教勢の挽回につとめてきた南部バプテスト連盟は、その路線を堅持すべく草の根レベルの運動を進めた。諸教会には物心両面におけるさらなる連盟に対する忠誠を求めた。連盟内部の一致と調和は重要視され、そこに中央集権的な空気が満ちるようになった。加えて、伝道活動の拡張とそれを支える安定した財源確保の必要が叫ばれた。

（1）　バプテスト継承説への疑問

この時期、南部バプテストの間では、バプテストの正統信仰の擁護を唱える人々により、教派神学校の教授二人が辞任に追いやられていた。ケンタッキー州のサザンバプテスト神学校で教鞭を取っていたクローフォード・H・トイ（Crawford H. Toy, 1836–1919）とウィリアム・H・ホイツィット（William H. Whitsitt, 1841–1911）である。両者ともヨーロッパで学問を受け、トイは聖書学者として、ホイツィットは教会史家として、それぞれ歴史文献学の批判的手法を用い、当時の南部のバプテストたちが無言のうちに前提としていた聖書理解や教派理解に一石を投じた。このような学問手法は、新神学と共に北部の牧師の間では信奉されていたが、神学的に保守的な南部バプテストにとっては大きな挑戦であり、脅威とも映るものだった。

ホイツィットは、大英図書館の古文書から、イングランドにおいてバプテストが浸礼を採用したのは一六四〇年代であったことを発見し、この研究結果を一八九六年、*A Question in Baptist History*（バプテスト史の疑問点）と題した論文で明らかにした。

ホイツィットのこの発見は、当時、ほとんどの南部バプテストが自らの教派の誇りともアイデンティティーとも捉えていたバプテスト継承説を大きく揺さぶった。バプテスト継承説は、バプテストの特徴である浸礼の起源をイエスのヨルダン川のバプテスマにまでさかのぼらせ、その形式を今日まで踏襲している南部バプテストこそ、数あるプロテスタント諸教派の中で、最も新約聖書に忠実で福音的な教派であるという自負を与える根拠とされた。この立場は長い間、南部のバプテストの間で広く受け入れられており、そこに自らの教派的優位性の論拠を置き、積極的な伝道活動の情熱を汲み上げていた。ホイツィットは、大英図書館で発見した歴史文献や史料を丹念に研究し、それに基づいて初期のイングランドのバプテストは必ずしも浸礼を行なってはいなかったと結論づけた。このホイツィットの見解がおおやけにされると、それを巡って、連盟全体に割れんばかりの衝撃が走った。連盟内の諸教会から、ホイツィットを教派神学校から解任するようにとの要求が続出したが、その矛先はホイツィット本人から、神学校校長、理事会にも向けられたため、結局ホイツィットは連盟内の調和と、神学校の将来を懸念して、自ら辞任を申し出た。トイの学問的発見についても似た反応があり、対処も似たような経緯がとられた。

このように、南部のバプテストは新神学の近代主義的特質に気づくやいなや、他教派との違いを明確にすべく、教義面での境界線策定に着手した。そればかりか、新神学はもとより、往々にしてそれと表裏一体の教会一致運動や社会的福音をも念頭に置いて、それらから聖書の正統的信仰を守ることが南部バプテストの戦いの旗印となっていった。教派としての新たな存在理由がここに与えられるようになった。

（2）社会的福音運動

社会的福音運動（the social gospel movement）は、南部バプテストにとって近代主義による伝統的な福音理解への挑戦として映った。当時、国家の再建から十九世紀末までの時期、進取的世代の事業家たちにより、工業、輸送業、製造業、金融業の各分野で、アメリカの新たな経済体制が築かれたが、同時にその過程で、数えきれないほどの複合的社会問題が発生した。経済的強者が国の自然資源、人的資源を搾取し、膨大な富を蓄積していたし、何百万もの移住者が異国の文化に馴染む間もなく都市に大挙して押し寄せ、しっかりした規制のないまま、安価な労働力として資本家に提供されていた。労働者は、負け戦を承知の上で、富の配分拡大を求め、経営者と闘ったが、当局からも世論からも、同情はほとんど得られなかった。他方、企業の資産家は国の経済や政治に決定的な力を行使していたにもかかわらず、公的規制は課せられなかった。こうして、産業化の所産とも言える経済的不公正が、全国の倫理的指導層に重大な問題を提起することになった。この課題に応えたのが、社会的福音運動である。社会的福音の形成には、複数の教派の牧師たちが貢献したが、その中でも、北部バプテスト以上に大きな役割を果たした教派はなかった。なかでも、一時期、ニューヨークのスラムで牧会したロチェスター神学校の教会史教授、ウォルター・ラウシェンブッシュ（Walter Rauschenbusch, 1861–1918）はその中心人物である。

南部では、これとは反対に社会的福音運動に対する応答はきわめて緩やかであった。意識的な南部人の手によって、一九一二年に南部社会学会議（Southern Sociological Congress）が設立され、牧師、教育者、ソーシャルワーカーに医療・矯正・福祉機関の長が加わり、四日間にわたる協議が行なわれた。そこでは、児童福祉、裁判所と刑務所、公衆衛生、組織的慈善活動、人種問題、教会の社会的使命について話し合われたが、取り組みの広がりは北部のそれとは様相を異にした。南北間で、とくにバプテスト陣営では、社会的福音の理解とゴールが微妙に異なっていたからである。

その相違は、先に述べた南部社会学会議が採択した社会プログラムにおいて顕著である。そのプログラムは、アメリカ連邦キリスト教会協議会の社会綱領にきわめて似通っているが、関心はあくまで南部地域の諸問題だけに向けられた、「南部版社会的福音運動」と呼べるものであった。この中心的な人物は、ホイツィットの後任として、サザンバプテスト神学校校長になったエドガー・Y・マリンズ（Edgar Y. Mullins, 1860–1928）であった。マリンズは、バプテストの原則をもって、近代に発展した科学、社会、宗教の考えを再解釈する必要があると考えた。この線で南部バプテストの複数の州連盟で一連の講演を行ない、バプテストが、国の世俗の制度制定にも多大な貢献をしたと論じた。魂の自由、民主的な教会政治、政教分離の教義は「我が国の政治制度全体の精神的モデルになった」と主張したのである。全国的な流れとなっていた進歩主義に気づいていたマリンズは、バプテストの信仰が、単に個人の魂の救いにとどまることなく、社会的な進歩にも大きく寄与するものであることを示そうとした結果だった。

しかしながら、南部バプテストには、社会的福音運動がキリスト教を社会化するもので、個人の魂の変革ではなく社会改革を目指すものだという偏った理解が広まった。そのような理解はそのまま、社会的福音運動を南部バプテスト連盟が果敢に展開していた個人伝道を台無しにするものだという結論に導いた。南部バプテストが社会の変革に一切興味を持たなかった訳ではなかった。救われた個人の魂が蓄積されれば、それが社会の変革をもたらすと考えたのである。このような南部バプテストの社会的福音運動に対する偏見は、二十世紀に入っても大きく変わることはなかった。この南部バプテストの社会的保守性を支えていたものは、独特の聖書主義にその根があると言える。つまり、「唯一聖書だけが、個人も社会も変える力を持っている」ので、それ以外の方法の採用を拒んだのである。

このような神学的保守性は二十世紀を通じて衰えることはなかった。最近の例では、南部バプテスト連盟が二〇〇〇年に公にした「南部バプテストの信仰と使信についての表明」（Southern Baptist Faith and Message）に明らかにされている立場がそれである。これまで南部バプテスト連盟は、諸教会と事業体の協力と連帯を確かめる共通の信仰的基盤を文章化してきた。この文書は、一九二五年に初版が発表され、一九六三年に改訂された。伝統的にバプテストは、信条による各個人・各個教会の拘束を退けてきたので、この公の文書もまた「指標」の域を超えなかったが、二〇〇〇年版は、「聖書の権威」を前面に押し出し、同性愛、人工妊娠中絶という敏感な社会問題をはじめ、教会と家庭における女性の役割、文化に対する教会の使命などについてきわめて保守的な見解を明らかにし、教派神学校の教員、派遣宣教師、関係事業体の職員にその立場に同意するサインを求め、拒否すれば解任も辞さなかったため、国内で大きな話題となった。

第三項　バプテスト世界同盟

二十世紀のバプテストの歴史で、バプテスト世界同盟（Baptist World Alliance、以後ＢＷＡ）の誕生を忘れてはならない。二つの世界大戦に巻き込まれた世界のバプテストたちは、交わりと協力伝道のために国際的なつながりを形にする夢を膨らませ、その思いをＢＷＡの誕生につなげていった。

（1） 世界大戦とバプテスト

二十世紀の二つの世界大戦は、アメリカのバプテストにとっても深刻な問題であった。第一次世界大戦では、アメリカのキリスト教界の大勢は当然ながら連合軍を支持し、「民主化と自由」を掲げてドイツを敵視する傾向があった。南北バプテストも共々、それぞれの刊行物を通して世界大戦の正義を主張した。南部バプテストは、この戦いが世界平和と基本的人権擁護のための信仰による戦いであると言い、北部バプテストも連合軍との協働を正当化した。したがって、アメリカのバプテストの多くは良心的兵役拒否を支持しなかった。バプテストの根本主義者（Fundamentalist）たちも連合軍支持にまわったが、それは神学の方法論として歴史的・批判的方法論を編み出したドイツを「進化論を普及させた信仰の敵」と捉えたためである。後年、根本主義批判の急先鋒となった北部バプテストの牧師（当時）ハリー・E・フォスディック（Harry Emerson Fosdick, 1878–1969）でさえ、当初は対ドイツの世界大戦を支持したほどであった。

しかし、ごくまれにではあったが、バプテストの中にも戦争反対を唱える組織的な活動がうまれた。北部バプテストは、一九三四年、良心的兵役拒否の支持と国防のためのいかなる戦争をも拒否すべきことを関係諸教会に訴えた。しかしながら、このような北部バプテストの平和的なスタンスは、第二次世界大戦のナチズムの暴挙を目の当たりにした時点で再考を求められ、苦渋の末、国際紛争の解決に武力行使の必要を認めざるを得なくなった。その後、アメリカはベトナム戦争を経験することになるが、バプテストの間には、戦争を支持する側、反対する側の両方が存在した。

（２）　世界のバプテストをつなぐ――バプテスト世界同盟誕生

ＢＷＡは、イングランドのバプテストの強いリーダーシップによって、一九〇五年にロンドンで誕生した。目的は、世界各国における信教の自由と政教分離の擁護、バプテストの信仰の伝播、協力伝道の推進、世界のバプテスト情勢の把握と情報の収集にあった。第二次世界大戦中、ドイツ軍のイングランド攻撃により、その本部は臨時に米国ワシントンに移されたが、その後もそこに留まることになり、現在に至っている。

国際的なバプテストの絆の必要は、もともとイングランドのバプテストのビジョンではあったが、徐々にアメリカのバプテストも積極的に関心を寄せるところとなった。特に、サザンバプテスト神学校教授のＡ・Ｔ・ロバートソン（Archibald Thomas Robertson, 1863–1934）は、*The Baptist Argus* 誌の創刊を機に、毎回、世界のバプテストが相互に知り合い、覚えあって、交わりと協力の絆を作り上げてゆく必要性を発信した。この呼びかけに、南部バプテスト連盟、アメリカ・バプテスト宣教同盟、イングランドのバプテスト同盟をはじめとする、多くの国のバプテストが応答し、一九〇五年のＢＷＡ誕生となった。

ＢＷＡは、ほぼ五年ごとに世界大会（ワールド・コングレス、World Congress）を開くことにした。アメリカでは、一九一一年のペンシルヴェニア州フィラデルフィアで開催され、アフリカ、オーストラリア、ヨーロッパなどから多くの参加者が出席した。その際、ＢＷＡ女性委員会（A Women's Committee of the BWA）が結成されたことは大きな進展であった。以後、ストックホルム（一九二三年）、トロント（一九二八年）と続くが、そのたびに新しい部門が創設された。第五回大会のベルリン大会（一九三四年）は、ナチス台頭下のドイツで開催された。各国の参加者は、ヒトラーの全体主義に対して様々な反応を示した。ドイツ・バプテストによる悪書追放などの倫理面の政策を好意的に受け取る者、ユダヤ人差別に嫌悪感を持つ者、まったく関心を示さない者などと反応も多様であったが、参加者の多くはナチズムの本質的な問題点を見抜くことがなかったため、的確な批判をすることができなかった。

それ以後、一九三九年から戦後まで、世界大会の開催は中止を余儀なくされたが、一九四七年に再開されて今日に至っている。二〇〇九年現在、全世界の二一六のバプテスト団体、三七〇〇万人の会員が加盟している（詳しくは、ＢＷＡのホームページ（www.bwanet.org）を参照）。

第六節　根本主義とバプテスト

最後に、アメリカのキリスト教界が二十世紀に最も翻弄され、今も形を変えて影響をこうむっている根本主義（Fundamentalism）とバプテストの関係についてその概略を述べておく。

第一項　概説

根本主義運動は、一八七八年、長老教会の牧師たちが中心となり、バプテストの牧師も巻き込んで開催されたナイアガラ・バイブルカンファレンス（Niagara Bible Conference）によって進められた。以後、この会議は毎年開催され、キリスト教信仰のポイントをまとめた信条に根本主義の神学的特徴を加味した印刷物が出されるようになった。一九一〇年、長老教会総会（General Assembly of the Presbyterian Church）は、それに基づいて作成された信仰宣言を採択し、教派内で按手を受けようとする牧師はこれに賛同を求められた。内容は、ナイアガラ・バイブルカンファレンスの信条を五項目に絞ったもので、処女降誕、聖書本文の無謬性、肉体を伴うイエス・キリストの再臨など、二十世紀の中期以降、アメリカ・プロテスタントを震撼させた根本主義神学の特徴的な主張が盛り込まれている。この主張は、『ザ・ファンダメンタルズ（*The Fundamentals*）』というタイトルで出版され、広く国内に広められたが、執筆者には南北両バプテストの牧師や神学者が含まれていた。

第二項　南北バプテストにおける根本主義

（1）　北部バプテスト連盟

バプテストは最初から根本主義運動の推進に中心的な役割を果たした。その点においては、初期の段階では、南部バプテストよりも北部バプテストの方が顕著であった。その大きな要因の一つは、北部バプテストの高等教育機関であったシカゴ大学が、当時の学長シャイラー・マシューズ（Shailer Mathews, 1863–1941）に率いられて進歩主義の牙城となっていたからである。北部バプテストの刊行物「ウォッチマン・イグザミナー（*Watchman-Examiner*）」の編集責任者カーチス・L・ローズ（Curtis Lee Laws, 1868–1946）は、一九二〇年の北部バプテストの年次総会開催に合わせるかのように、教派神学校や諸教会における進歩主義の浸透を憂慮する同心の者たちに呼びかけて団体（General Conference on Fundamentals）を作り、運動を進める組織的な活動を開始した。

北部バプテストの間には、それ以前にも神学的保守の立場を擁護し、進化論から歴史批判的な学問的方法論まで、いわゆる当時一般的に「リベラル」とみなされたものすべてを攻撃する者はいた。その代表格は、アドニラム・J・ゴードン（Adoniram Judson Gordon, 1836–1895）、ウィリアム・B・ライリー（William Bell Riley, 1861–1947）らである。特にライリーは教育者・伝道者でもあったが、根本主義の思想を広める目的で定期刊行物（*Christian Fundamentals in School and Church*）を創刊し、バプテストの教育機関における進歩主義の影響を警戒した。

スコープス裁判の写真（フスト・ゴンサレス『キリスト教史 下巻』新教出版社，2003，p.353）

このライリーが全国的に知名度を上げたのは、一九二五年、テネシーで行なわれた公立学校における進化論の授業の是非を問う「スコープス裁判」である。この裁判は、テネシー州デイトンにあった公立高校の教師ジョン・T・スコープス（John Thomas Scopes, 1900–1970）が授業で進化論を教えたという理由で告訴されたことに端を発する。この裁判は全米の注目をひいた。攻撃の先鋒は州務長官ウィリアム・J・ブライアン（William Jennings Bryan）で、ライリーが創設した根本主義者の国際組織（World's Christian Fundamentals Association）に深く関係する人物であった。

これ以外にも、J・C・マッシー（J. C. Massee, 1871–1965）、ジョン・R・スタートン（John Roach Starton, 1875–1929）ら、ライリーと並び称される北部バプテストの根本主義者の指導者がこれにかかわったが、北部バプテストを神学的保守へと引っ張っていった中心人物としては、ライリーの右に出るものはなかった。他方、それと正反対の立場を表明する者もいた。ニューヨーク第一長老教会牧師のハリー・E・フォスディックである。フォスディックは、一九二一年、歴史に残る名説教「根本主義者は勝利するか（Shall the Fundamentalists Win?）」をもって、早くから聖書解釈や神学に対するリベラルな方法論の支持を公にした。元々フォスディックはバプテストの出身で、コルゲート大学在学中、北部バプテストの代表的な進歩主義者ウィリアム・N・クラーク（William Newton Clarke, 1841–1912）の薫陶を受けていた。フォスディックに対する根本主義者の攻撃は、かの説教以後、激しさを増し、ついにはフォスディックが牧師を務める教会にまで圧力をかけてフォスディックを辞任に追い込んだ。そのため、この事件をアメリカの根本主義者の最初の勝利として位置づける見方もある。

（2）南部バプテスト連盟

早い時期からかなり積極的に進歩主義阻止に取り組んでいた北部バプテストに比べて、南部バプテストのそれは緩慢であった。その理由の一つは、北部バプテストほど内部に進歩主義の進展が目立たなかったからである。だからといって、進歩主義の信奉者がいなかったわけではない。ノースカロライナ州のウィリアム・L・ポーティート（William Louis Poteat, 1856–1938）のように、従来の信仰的立場を保持しつつ、進化論を支持する科学者や大学教員が存在してはいたが、その数はきわめて少数だった。つまり、南部バプテスト内部の進歩主義を支持する者たちの割合は小さく、南部バプテスト全体に衝撃を与える声となりにくかったのである。そのために、北部バプテストに比べて南部バプテストの間では、根本主義者と進歩主義者の間の鋭い対立が表面化するのに時間がかかった。

とはいえ、ローズをはじめとする北部バプテストの根本主義者が抱いたと同じ懸念は、南部バプテストの間でも共有されていた。その代表は、テキサス州フォートワースの牧師J・F・ノリス（J. Frank Norris, 1877–1952）である。進歩主義批判におけるノリスの表現や活動は露骨で、そのために刑事事件まで起こしたが、それでも批判の手を緩めることはなかった。ノリスは、聖書の歴史的批判的方法論を敵視しただけではなく、極端な各個教会主義を唱え、協力伝道体としての南部バプテスト連盟を批判し、同州のバプテスト大学であったベーラー大学を進歩主義の巣として攻撃した。特に、ノリスが唱える極端な各個教会主義に立った協力伝道組織に対する批判は、後の独立バプテスト（Independent Baptists）誕生のさきがけとなった。ちなみに、独立バプテストは、南部バプテスト連盟のような教派の伝道協力組織、国内・国外伝道局を否定し、伝道の主体を各個教会に限定するように主張した。しかし、同じ見解に立つ教会との緩やかな協力組織は組織している。言うまでもなく、独立バプテストは神学的にリベラルな立場を取るエキュメニズムとその働きには加わらない。

ノリスの刊行物「*The Fundamentalist*」（『根本主義者』）は、テネシー、テキサス、ルイジアナ、ケンタッキーなど南部バプテストの地盤で多くの読者を獲得し、南部バプテスト連盟内の諸教会や教会員に大きな影響を与えた。また、自分の主張に共鳴する牧師たちを集めて団体（Premillennial, Fundamental, Missionary Fellowship）を立ち上げ、同心の交わりを広げ、その者たちとの協力による伝道活動を行ない、自らの主張の正統性を学ぶ学習会を計画した。その集まりは、後に、ノリスのリーダーシップのあり方をめぐって内部分裂し、親ノリス派、反ノリス派がそれぞれ新たに団体を組織した。モラル・マジョリティーの創立者で、アメリカ宗教右派の重鎮ジェリー・ファルエル（Jerry Falwel, 1933–2007）は、反ノリス派の中心的存在であった。ここに、南部バプテストと宗教的右派の接点が見られる。

南部バプテスト連盟は、進化論によって巻き起こされた混乱の収拾のために、一九二五年の年次総会で「南部バプテストの信仰と使信（Southern Baptist Faith and Message）」を採択した。これは、「ニューハンプシャー信仰告白」（New Hampshire Confession 一八三三年採択）を手本にしたもので、穏健な修正が施されてはいるものの、すでに根本主義者の信仰的特徴は明確に反映されている。その後、この文書は、一九六三年、二〇〇〇年と三度の改訂を経て今日に至っている。二〇〇〇年版の前文には、これが将来、諸教会や教会員の信仰内容を拘束する信条として使われないためのセーフガードが明記され、実際、それが遵守された。しかし、一九七九年以降、根本主義者によって連盟の指導部が独占されると、その懸念は現実のものとなった。最近、様相は変化しつつあるものの、南部バプテスト連盟指導層の根本主義的な信仰的立場はいまだ続いていると言っても差し支えない。そのようななか、南部バプテスト連盟のリーダーシップに批判的な穏健派によって、新しい協力伝道組織や複数の神学校が創設されている。その代表的なものは、バプテスト・アライアンス（Alliance of Baptists 一九八六年）、協力バプテスト・フェローシップ（Cooperative Baptist Fellowship 一九九〇年）、リッチモンド・バプテスト神学校（Baptist Theological Seminary at Richmond 一九九一年）、マーサー大学マカフィー神学校（McAfee School of Theology, Mercer University 一九九四年）、ベーラー大学トゥルーイット神学校（Truett Theological Seminary, Baylor University 一九九四年）、ウェイクフォレスト大学神学校（Wake Forest University Divinity School 一九九九年）などである。

トピックス

人物

（一）　ロジャー・ウィリアムズ（Roger Williams, 1603–1683）

ロンドンに生まれ、一六三〇年頃、アメリカへ移る。アメリカ北部地方で最初のバプテスト教会をつくる。信教の自由と政教分離を巡って、マサチューセッツ湾植民地当局と衝突。退去命令を受ける。一六四四年、『良心の大義擁護のため、血なまぐさい迫害の担い手を論ずる（*The Bloudy Tenent of Persecution for Cause of Conscience Discussed*）』を世に出して、当局の政策を批判する。アメリカ先住民の伝道にも従事。

（二）アイザック・バッカス（Isaac Backus, 1724–1806）

信仰大覚醒の影響で会衆派からバプテストに転向。以後、バプテスト教会の牧師としてマサチューセッツで活躍した。バプテストの中心思想を信教の自由と政教分離の主張に見出した。その視点から、アメリカで最初のバプテスト史（*A History of New England with Particular Reference to the Denomination of Christians Called Baptists*, 1777–96）を執筆。

（三）ジョン・リーランド（John Leland, 1754–1841）

マサチューセッツの会衆派からバプテストへ転向。以後、バプテスト派の牧師として信教の自由と政教分離を求めて活動する。合衆国憲法の父であるジェファソンやマジソンと親交があり、合衆国憲法制定に間接的な影響を与える。ヴァジニアでは、バプテストを取りまとめて、ジェファソンの思想に沿った信教の自由にかかわる法案の成立に向けて精力的に活動し、成功させる。

（四）イライアス・キーチ（Elias Keach, 1667–1701）

中部植民地のバプテスト教会牧師。ロンドン・バプテストの指導者ベンジャミン・キーチの息子。一六八六年頃にアメリカに渡り、教会をつくる。そこを拠点に幾つもの教会を組織する。イングランドの「第二ロンドン信仰告白」をアメリカに紹介し、アメリカ最初の信仰告白である「フィラデルフィア信仰告白」の成文化に影響をあたえる。

（五）シューバル・スターンズ（Shubal Sterns, 1706–1771）、ダニエル・マーシャル（Daniel Marshall, 1706–1784）

信仰大覚醒により、会衆派からバプテストに転向。その後、アメリカ南部地方に移って伝道活動を開始し、南部地方最初のバプテスト教会を創設。

（六）ルーサー・ライス（Luther Rice, 1783–1836）

マサチューセッツ生まれ。ウィリアム大学に学び、会衆派の按手を受けて、宣教師としてインドへ派遣されるが、ジャドソンのバプテスト転向後、間もなくしてバプテストに転向。アメリカへ渡り、アメリカのバプテストによる国外伝道組織の立ち上げにかかわる。

（七）アドニラム・ジャドソン（Adoniram Judson, 1788–1850）

ビルマ伝道の創始者。マサチューセッツに会衆派牧師の息子として生まれる。ブラウン大学、アンドーヴァー神学校を経て、アメリカ初の海外伝道団体アメリカンボードの創設に参加。一八一二年に、同団体から会衆派宣教師としてインドへ派遣される。バプテスト転向を機に、アメリカンボードを離脱。アメリカバプテスト宣教同盟の創設に尽力し、開設後は同団体の宣教師としてビルマで働く。

（八）アン・H・ジャドソン（Ann Hasseltine Judson, 1789–1826）

アドニラム・ジャドソンの妻。新婚二週間目に会衆派宣教師として、夫と共にインドへ宣教師として派遣される。その後、夫と共にバプテストに転向。文筆に優れ、多くの書簡を通してビルマの宣教活動をアメリカに発信し、支援の輪をアメリカ国内に広げた。

（九）リチャード・ファーマン（Richard Furman, 1755–1825）

十八世紀初頭、南北戦争前の南部地方のバプテストで最も影響力のあった指導者。チャールストン第一バプテスト教会の牧師を長年務め、南北バプテストの協力伝道組織トライエニアル・コンヴェンションの初代理事長に選出された。ファーマン自身は奴隷制支持者であったため、南部バプテスト連盟の結成にあたって、大きな働きをした。ファーマン自身は正規の教育を受けていなかったが、教育機関の設立に熱心で、コロンビアン大学の創設にも貢献した。

（一〇）ウィリアム・H・ホイツィット（William Heth Whitsitt, 1841–1911）

サザンバプテスト神学校校長、並びに教会史教授。一八九五年に神学校校長に就任後、大英図書館の古文書を研究した結果、バプテストの浸礼は一六四〇年代まで行なわれていなかったことを発見。その成果を「バプテスト史の疑問点（*A Question in Baptist History*）」として発表。バプテスト継承説を奉じていた当時の南部バプテスト諸教会に波紋を広げる。とりわけ、ランドマーク主義者の批判にさらされる。最終的には神学校を辞任。神学教育に対する南部バプテスト連盟の介入の先駆けとなる。

（一一）ウォルター・ラウシェンブッシュ（Walter Rauschenbusch, 1861–1918）

北部バプテスト教会の牧師、ロチェスター神学校教会史教授。ニューヨークのドイツ人バプテスト教会の牧師時代、「地獄の台所（Hell's Kitchen）と呼ばれる地域の貧困と社会的荒廃を目の当たりにして、聖書の使信を社会問題の解決に適応する社会的福音運動を展開する。多くの関連書籍を出版し、アメリカ留学中の賀川豊彦にも多大な影響を与えた。日本のバプテストの指導者のひとり友井楨もラウシェンブッシュから大きな影響を受けた（詳細は第五章のトピックス・人物（四）を参照）。ラインホールド・ニーバー、マルティン・L・キング・ジュニアらから、「アメリカが生んだ偉大な社会的キリスト教の指導者」として尊敬を集める。

（一二）ハリー・E・フォスディック（Harry Emerson Fosdick, 1878–1969）

ニューヨーク生まれ。コルゲート大学で、当時の進歩派バプテストの旗手ウィリアム・N・クラーク（William Newton Clarke）に薫陶をうける。その後、ニューヨーク・ユニオン神学校、ブラウン大学に学び、バプテスト教会の牧師として按手を受け、一九一八年にニューヨーク第一長老教会の牧師となった。一九二二年の説教「根本主義者は勝利するか（Shall the Fundamentalists Win?）」で根本主義者の批判の的となる。それによって長老教会牧師を辞任し、最後はニューヨーク・リバーサイド教会の牧師となる。

（一三）J・F・ノリス（J. Frank Norris, 1887–1952）

根本主義者のバプテスト牧師。アラバマで生まれ、幼少期にテキサスに移る。ベーラー大学、サザンバプテスト神学校に学び、南部バプテスト連盟の牧師として按手を受けた。テキサスバプテスト州連合の機関誌の編集者として、社会問題に関心を寄せるようになる。後に、テキサス・フォートワースの第一バプテスト教会の牧師となる。一九二七年、根本主義の思想を広める *The Fundamentalist*（『根本主義者』）を創刊し、南部バプテスト連盟を標的にして批判した。結局、南部バプテスト連盟を離れ、単立の伝道者として根本主義の活動に専念した。

用語

（一）　非分離派
イングランド国教会に批判的ではあったが、分離派のように国教会から分離せず、内部に留まっていたピュリタンのグループを指す。

（二）　会衆派
日本では「組合教会」として知られる。カルヴァン主義の流れを汲むピュリタンから派生したが、民主的な教会政治と各個教会の自治独立を尊重する各個教会主義の立場をとった。ニューイングランド植民地の大勢を占めた。

読者への問いかけ

（一）　アメリカのバプテストは、自らの教派的特長をどのように認識していただろうか。
（二）　イングランド・バプテストとの間の連続性と非連続性について考えてみよう。
（三）　今日、日本のバプテストにアメリカ・バプテストの影響を見ることができるだろうか。できるとすれば、それはどのように受け継がれているだろうか。

参考文献

（主要邦訳文献）
岩井　淳『千年王国を夢みた革命』講談社、一九九五年。
大西直樹『ニューイングランドの宗教と社会』彩流社、一九九七年。

久保田泰夫『ロジャー・ウィリアムズ』彩流社、一九九八年。

増井志津代『植民地時代アメリカの宗教思想』上智大学出版、二〇〇六年。

森本あんり『アメリカ・キリスト教史』新教出版社、二〇〇六年。

安武秀岳『大陸国家の夢』講談社現代新書、一九八八年。

ゴンサレス著『キリスト教史 下巻』、新教出版社、二〇〇三年。

J・L・エイミー著、金丸英子訳『囚われの民、教会』教文館、二〇〇四年。

S・E・オールストローム著、児玉佳與子訳『アメリカ神学思想史入門』教文館、一九九〇年。

＊ 使用外国語文献の紹介は控えましたが、どうしてもお知りになりたい方は、筆者（金丸英子・福岡市早良区西新六―二―九二 西南学院大学）までご連絡下さい。

略年表

一六三一年	ロジャー・ウィリアムズ、マサチューセッツ上陸
一六三五年	ウィリアムズ、植民地から退去命令が出る
一六三八年	プロヴィデンス第一バプテスト教会（アメリカ初のバプテスト教会）創立
一六四四年	ウィリアムズ、『良心の大義擁護のため、血なまぐさい迫害の担い手を論ずる（*The Bloudy Tenent of Persecution for Causes Discussed*）』刊行
一六五一年	オバダイア・ホームズ（バプテスト）、ボストン市内で鞭打ち刑を受ける
一六九九年	チャールストン第一バプテスト教会創立（南部初のバプテスト教会）
一七〇七年	アメリカ最初の地方連合、フィラデルフィア・バプテスト地方連合誕生
一七四二年	「フィラデルフィア信仰告白」
一七九四年	奴隷制廃止促進会議結成
一八〇八年	連邦議会による奴隷貿易の禁止
一八一二年	アドニラム・ジャドソン、アン・H・ジャドソン、バプテストに転向する
一八一四年	アメリカ・バプテスト外国伝道総連盟（トライエニアル・コンヴェンション）誕生
一八二四年	バプテスト総合トラクト協会（Baptist General Tract Society、後のアメリカバプテスト国内伝道協会）創設
一八二五年	ニュートン神学校、マサチューセッツに開校
一八三二年	アメリカ・バプテスト国内伝道協会創設
一八四五年	南部バプテスト連盟創設 アメリカ・バプテスト出版協会創設

一八四六年	アメリカ・バプテスト伝道同盟創設
一八五九年	サザン・バプテスト神学校、サウスカロライナに開校
一八六一年	南北戦争開戦
一八六三年	奴隷解放宣言
一八六五年	南北戦争終結
一八八三年	「ニューハンプシャー信仰告白」
一八八八年	アメリカ・バプテスト教育委員会創設
一八八九年	南部バプテスト、日本へ宣教師を派遣
一八九一年	シカゴ大学開校
一八九六年	ウィリアム・H・ホイツィット、「バプテスト史の疑問点（*A Question in Baptist History*）」を出版
一九〇五年	バプテスト世界同盟（Baptist World Alliance）誕生
一九〇七年	北部バプテスト連盟創設
一九一〇年	アメリカ・バプテスト国外伝道協会創設
一九一一年	自由バプテスト、北部バプテスト連盟と合併
一九一五年	全国バプテスト連盟（アフリカ系アメリカ人バプテスト）創設
一九二一年	ハリー・E・フォスディック、「根本主義は勝利するか（Shall the Fundamentalists Win?）」を説教する
一九二五年	スコープス裁判
	「南部バプテストの信仰と使信」（Southern Baptist Faith and Message）
一九五〇年	北部バプテスト連盟、アメリカ・バプテスト連盟となる
一九五七年	アメリカ・バプテスト連盟、人種隔離政策に反対する
一九六三年	「南部バプテストの信仰と使信」、改訂される

一九六八年	バプテスト派牧師マルチン・L・キング・ジュニア、暗殺される
一九七二年	アメリカ・バプテスト連盟、アメリカ・バプテスト教会（American Baptist Churches, USA）となる
一九七九年	南部バプテスト連盟、エイドリアン・ロジャースを理事長に選び、聖書無謬説の立場を広めて、根本主義者による連盟政治に着手
一九八六年	南部バプテスト穏健派、バプテスト・アライアンス（Alliance of Baptists）の創設に参加する
一九九〇年	南部バプテスト穏健派、協力バプテスト・フェローシップを組織
二〇〇〇年	「南部バプテストの信仰と使信」、根本主義の手によって改訂され、女性牧師の否定を公にする

第五章　日本のバプテスト教会

第一節　日本伝道の始まり

第一項　宣教師の渡来

一八六〇（万延元）年四月一日、アメリカ・バプテスト自由宣教協会（American Baptist Free Mission Society、以下自由宣教協会と表記）のＪ・ゴーブル（Jonathan Goble, 1827–1896）が神奈川に到着した。

ゴーブル（Jonathan Goble, 1827–1896）（日本バプテスト宣教100年史編集委員会編『日本バプテスト宣教100年史』日本バプテスト同盟, 1973, p. 5）

同年八月三日、アメリカの南部バプテスト連盟（Southern Baptist Convention、以下南部バプテストと表記）も日本への最初の宣教師としてＪ・Ｑ・Ａ・ローラー（John Quincy Adams Rohrer, 1831–1860）夫妻を送り出したが、太平洋上で消息を絶ち、翌年から南北戦争が始まったことも

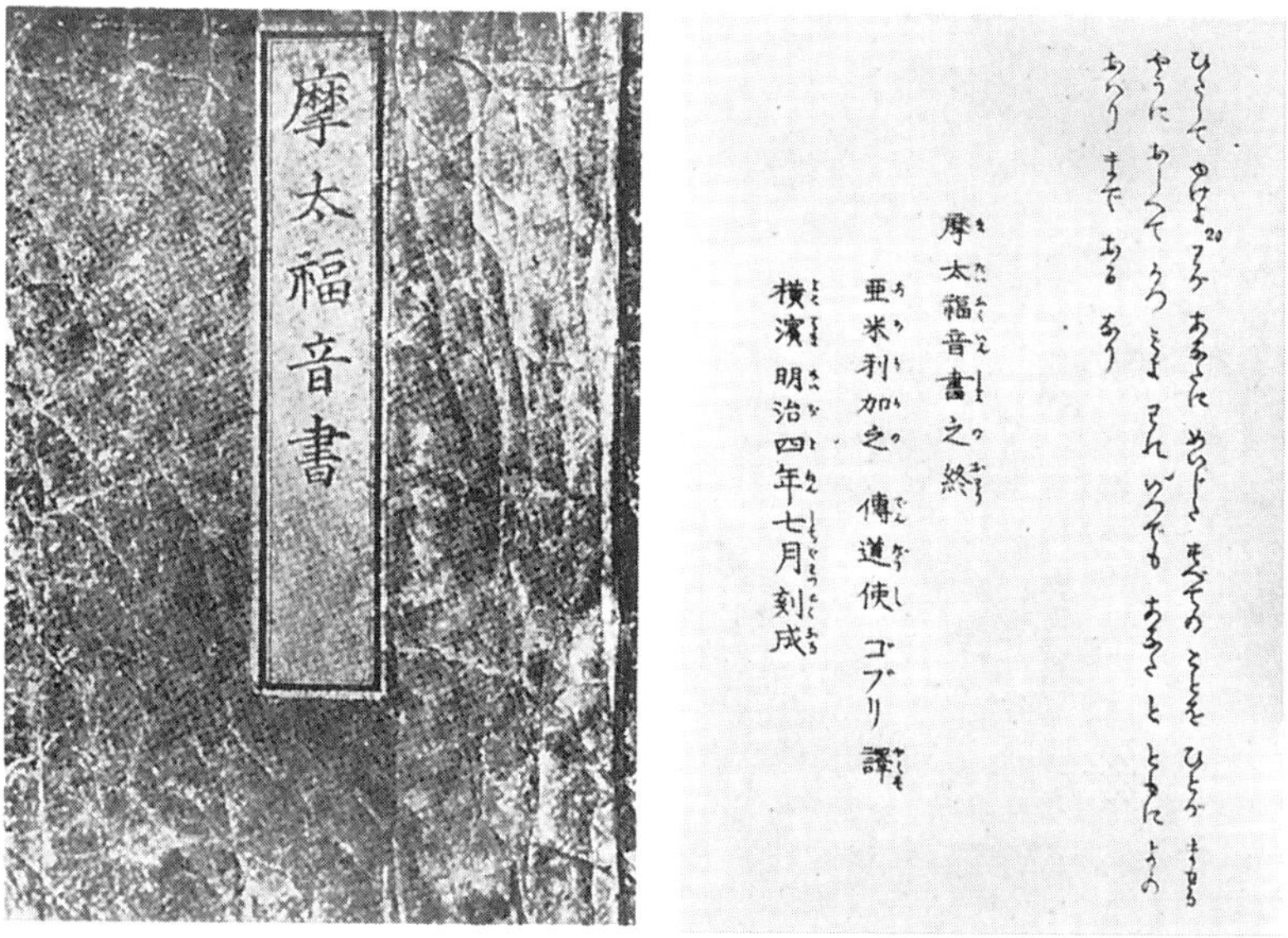

『摩太福音書』（日本バプテスト宣教100年史編集委員会編『日本バプテスト宣教100年史』日本バプテスト同盟，1973，p. 6）

あって、実際に南部バプテストによる宣教が始まったのは一八八九（明治二二）年十一月五日であった。

ゴーブルは、一八七一（明治四）年十一月、日本国内ではじめての聖書の翻訳書『摩太福音書』を刊行した。これはキリシタン禁制の高札が一八七三（明治六）年二月二四日に撤去される以前に行なわれた、庶民のための聖書翻訳の取り組みであった。

一八七二（明治五）年三月十日、日本最初のプロテスタント教会（日本基督公会）が横浜に誕生した。

第二項　アメリカ・北部バプテストによる伝道の始まり

一八七二（明治五）年、ゴーブルの属する自由宣教協会は、アメリカ・バプテスト宣教同盟（American Baptist Missionary Union、以下北部バプテストと表記）と合同したため、ゴーブルは引き続き北部バプテストの最初の宣教師として、一八七三（明治六）年二月七日、N・ブラウン（Nathan Brown, 1807–1886）と共に来日した。

同年三月二日、N・ブラウン夫妻とゴーブル夫妻によって日本で最初のバプテスト教会である横浜第一浸礼教会が設立された。同年七月一三日、石川寿一郎がゴーブルより全身を水に沈める浸礼を授けられ、初の日本人教会員となった。

N・ブラウンもまた、トライエニアル・コンヴェンションの宣教師としてインドに赴き、アッサム語新約聖書を完成させるなど重要な働きを担っていたが、一八七二（明治五）年、北部バプテストの最初の日本への宣教師として任命され、翌年六五歳のとき来日した。七八歳で亡くなるまで主に日本語の新約聖書翻訳に従事し、一八七九（明治一二）年八月一日には、日本で最初の『新約聖書』の翻訳を完成させ、翌年四月、平仮名書きの『志無也久世無志與《しんやくぜんしょ》』を出版し、聖書を庶民のものとするために多大な貢献をした。

ブラウン（Nathan Brown, 1807–1886）（日本バプテスト宣教100年史編集委員会編『日本バプテスト宣教100年史』日本バプテスト同盟, 1973, p. 8）

一八七六（明治九）年五月一四日、東京第一浸礼教会が設立され、一八七九（明治一二）年二月からはイングランドのバプテスト宣教会（Baptist Missionary Society、以下イングランド・バプテストと表記）による伝道もW・J・ホワイト（William John White, 1848–1901）によって始められ、八月一八日、本所（東京第二）浸礼教会が設立された。しかし一八九〇（明治二

川勝鉄弥（1850–1915）（日本バプテスト宣教100年史編集委員会編『日本バプテスト宣教100年史』日本バプテスト同盟，1973，p. 14）

三）年、イングランド・バプテストは北部バプテストにその伝道を委譲し、北部バプテストがその働きを受け継ぐことになった。

一八七九（明治一二）年十一月一日、横浜で川勝鉄弥（一八五〇－一九一五）が日本人初の受按牧師となり、三年後、（神奈川県）長後教会へ初の日本人牧師として赴任した。

一八八〇年以降、T・P・ポート（Thomas P. Poate, 1848–1924）によって精力的に東北伝道が進められ、一八八〇（明治一三）年一月二五日盛岡浸礼教会、十月十日仙台浸礼教会、十一月十日花巻浸礼教会（五年後九月一五日解散）を設立し、一八八二（明治一五）年四月九日（宮城県）柳津《やないづ》浸礼教会、五月一四日酒田浸礼教会（二年後六月一日解散）、十二月一八日八戸浸礼教会を設立した。これらすべては、交通手段の整っていなかった時代に行なわれた。

H・H・リース（Henry H. Rhees, 1828–1899）による神戸伝道は一八八二（明治一五）年に始まり、三月神戸浸《しずめ》教会が設立された。ここが北部バプテストの西日本伝道の拠点教会となった。十月からは八王子伝道も始まり、翌年から姫路、川崎でも伝道が始まった。

一八八四（明治一七）年十月六日、A・A・ベネット（Albert Arnold Bennett, 1849–1909）を校長として、初の教派神学校である横浜バプテスト神学校が設立された。

一八八五（明治一八）年五月よりG・H・アップルトン（George H. Appleton, ?–1889）による山口県下の伝道も始まり、一八九〇（明治二三）年赤間関（後の下関）浸礼教会、長府浸礼教会が設立された。

一八八五（明治一八）年からは（宮城県）塩釜でも伝道が始まり、翌年からは長野県下での伝道、カーペンター（Chapin Howard Carpenter, 1835–1887, Harriet Elizabeth Rice, 1837–1909）夫妻による根室の伝道もはじまり、この年五月に栃木浸礼教会、七月一一日に（福島県）平浸礼教会、その翌年十二月二一日には水戸基督浸礼教会が設立された。根室第一バプテスマ教会が設立されたのは、伝道開始二年後の一八八八（明治二一）年九月一六日であった。

大阪伝道は一八八八（明治二一）年八月よりR・A・タムソン（Robert Austin Thomson, 1860–1932）によって始まった。翌年十月には機関紙『芥種』が仙台で発行された。

機関紙は一八九二（明治二五）年『おだやか』、一八九五（明治二八）年『浸礼教会月報』、一八九六（明治二九）年『バプテスト教報』、一八九七（明治三〇）年『教報』と発行され、バプテスト教会の連絡機関紙として用いられた。

一八九〇（明治二三）年三月二一日四谷浸礼教会が設立され、翌年からは沖縄伝道が始まり、一八九二（明治二五）年からは兵庫県豊岡と四国丸亀で伝道が始まった。その翌年からは（岩手県）遠野伝道、三月一九日には（茨城県）下館浸礼教会が設立され、大阪の堺の伝道も始まった。一八九四（明治二七）年からは小田原での伝道が始まり、一八九五（明治二八）年一月三〇日東京にて日本浸礼教会、同じく東京にて六月八日小石川インマヌエル教会、十一月三日標津《しべつ》浸礼教会、十一月二四日甲府浸礼教会が設立された。翌年四月二九日姫路浸礼教会、同年春に（宮城県）黄牛《きうし》浸礼教会が設立され、京都伝道もこの年に始まった。

一八九八（明治三一）年からは（茨城県）君賀《きみが》での伝道が始まり、十一月に（宮城県）登米《とよま》浸礼教会、同年（京橋区）材木町浸礼教会が設立された。翌年から厚木伝道、その二年後の一九〇一（明治三四）年四月からは奈良での伝道が始まり、一九〇三（明治三六）年五月一二日浪速浸礼教会が設立され、その四年後の一九〇七（明治四〇）年十月からは名古屋での伝道、また京都の木津伝道も始まった。翌年十二月三日には（東京の）中央バプテスト教会が設立された。

第三項　アメリカ・南部バプテストによる伝道の始まり

一八八九（明治二二）年十一月五日、南部バプテストの宣教師であるJ・W・マッコーラム（John William McCollum, 1864–1910）とJ・A・ブランソン（John Alexander Brunson, 1862–1943）の両夫妻が横浜に到着した。その二日後、南北バプテストの宣教師会が横浜で開催され、このときの申し合わせで、南部バプテストは神戸以西の伝道を担当することになった。

しかし大阪での働きを必要としていたこともあって、マッコーラムは大阪に赴任し、一八九一（明治二四）年三月五日、南部バプテストによる最初の教会として大阪浸礼教会が設立された。ところが、これは「神戸以西」という申し合わせに反するとして、十月以降は北部バプテストが担当することになり、一八九二（明治二五）年以降、南部バプテストは九州にその伝道の拠点を移した。

九州では、山口県下からの出張伝道という形ですでに北部バプテストによって伝道が始められており、一八九〇（明治二三）年十一月三日、若松講義所が開設され、青砥（後に後藤と改名）六雄（一八六〇―一九二八）が定住伝道者として働いていた。翌年には小倉、芦屋、門司に講義所が開設された。そこに一八九二（明治二五）年一月にブランソンが、三月にマッコーラムが小倉に赴任した。秋からは福岡への出張伝道も後藤によって始められた。九月にブランソンが宣教師を辞任し帰米したため、E・N・ウワーン（Ernest Nathan Walne, 1867–1936）夫妻が代って来日し、小倉に赴任した。一八九三（明治二六）年十月四日、九州における南部バプテストの最初の教会がマッコーラムを仮牧師として門司に設立された。

一八九四（明治二七）年には日本人初の受按牧師であった川勝鉄弥が、一月に横浜から小倉へ、四月には福岡に赴任し、その伝道を担った。この年十一月N・メイナルド（Nathan Maynard, 1858–?）夫妻が福岡に赴任し、翌年秋からは小倉の伝道に従事した。長崎の伝道は一八九六（明治二九）年四月からウワーンと菅野半次（一八七〇―一九三五）によって、熊本の伝道は後藤六雄らによって一八九八（明治三一）年より始められた。

一九〇一（明治三四）年十月、門司に次ぐ二番目の教会として福岡浸礼教会が佐藤喜太郎（一八六〇―一九二三）を牧師として設立され、その翌年には五月二七日熊本浸礼教会、七月佐世保浸礼教会、十一月三日長崎浸礼教会が設立された。

一九〇三（明治三六）年四月二二―二三日、福岡で第一回日本浸礼派教会西部部会が開催され、北部バプテストに連なる馬関浸礼教会、長府浸礼教会、萩講義所からも参加があり、七（馬関、長府、門司、福岡、長崎、佐世保、熊本）教会と三講義所（萩、小倉、鹿児島）からなる代議員二五名による話し合いがなされた。このとき講義所であった小倉と鹿児島は、この年十一月に教会組織を行なった。

また同年十一月、アメリカ・テネシー州ナッシュヴィルの日曜学校協会（Sunday School Board）から文書伝道のため五〇〇ドルの寄附を受け、ウワーンによって長崎に「福音書店」が設立された。これは一九二三（大正一二）年「福音書館」と改名するが、一九三四（昭和九）年ウワーンが引退するまで南部バプテストによって続けられた。

この時点では南部バプテストによる伝道は九州内に限られていたが、一九〇八（明治四一）年十月以降、山口県下と広島以西の伝道は北部バプテストから南部バプテストへと委譲された。

第四項　教育機関の設立

教育機関は北部バプテストの宣教師の働きによって女子教育の分野でいち早く始められた。一八七五（明治八）年、バプテスト派としての最初の学校として駿台《しゅんたい》英和女学校が東京に設立された。J・H・アーサー（James Hope Arthur, 1842–1877）が森有礼邸で開いたもので、A・H・キダー（Anna H. Kidder, 1840–1913）が中心となって発展させたが、一九二一（大正一〇）年に閉校した。

一八七六（明治九）年に横浜に創られたC・A・サンズ（Clara A. Sands, 1844–1911）の私塾（聖教学校）は、一八八六（明治一九）年C・W・ブラウン（Charlotte W. Brown, 1839–1923）が寄宿生を引き取る形で継承され、後に捜真《そうしん》女学校となる学校として設立された。翌年には（横浜）「英和女学校」と名づけられ、第二代校長C・A・カンヴァース（Clara A. Canverse, 1857–1935）の時代に、山田千代（エイミー・コーンズ、Amy Cornes, 1867–1960）との良き協力関係のもとその基礎を築き、今日まで続く最古参のバプテスト派の学校として立ち続けている。

一八九一（明治二四）年、山口県にO・M・ブラント（Olive M. Blunt, ?–1924）による長府英和学校（のち美徳女学校と改称）と、バイブル・ウーマンを育てるための福音女学校が創られた。また、一八九三（明治二六）年には、同じ敷地内にH・ブラウン（Harriet Browne, 1860–?）によって長府天恵園（孤児院）が併設された。美徳女学校はE・L・カミングズ（Emma Louisa Cummings, 1860–?）によって発展したが、カミングズ辞任後全焼し、一九〇一（明治三四）年閉校した。同様に福音女学校もその歴史を閉じた。

一方、一八九二（明治二五）年、仙台市に尚絅《しょうけい》女学校が開校した。L・ミード（Lavinia Mead, 1860–1941）による女子家庭塾（尚絅女学会）がその始まりで、初代校長はA・S・ブゼル（Annie Syrena Buzzell, 1866–1936）であった。その翌年には、姫路に日ノ本女学校がE・R・チャーチ（Ella R. Church, 1861–1918）により設立され、一八九五（明治二八）年には築地に東京中学院（四年後に東京学院と改称 現関東学院の前身）が渡瀬寅次郎（一八五九―一九二六）を校長として開校し、同年バプテスト派としてははじめてとなる神戸善隣幼稚園がタムソン夫人（Mrs. R. A. Thomson: Gazelle Maria Rulofson, 1850–1932）によって貧しい地域に開設された。その翌年には現在の彰栄保育福祉専門学校の前身にあたる東京幼稚園保母養成所が築地に設立され、ここにもG・F・タッピング（Genevieve Faville Topping, 1863–1953）が中心となってN・E・ファイフ（Nellie E. Fife, 1857–1930）、E・L・ロールマン（Eva L. Rolman, 1857–1913）らの女性宣教師の働きがあり、幼児教育の基が築かれていった。

一九〇八（明治四一）年早稲田友愛学舎（早稲田奉仕園）がH・B・ベニンホフ（Harry Baxter Benninghoff, 1874–1949）によって設立され、翌年には東京バプテスト女子学寮が開設された。

バプテスト派の神学教育は一八八四（明治一七）年横浜バプテスト神学校の設立に始まる。A・A・ベネットが初代校長となり、一九一〇（明治四三）年東京に日本バプテスト神学校が設立されるまでその働きを続けた。南部バプテストは遅れて一九〇七（明治四〇）年福岡市に千葉勇五郎（一八七〇―一九四六）を校長として福岡神学校を設立し、主に九州で働く伝道者の養成に努めた。

バプテスト伝道女学校はミードを初代校長として大阪に一九〇八（明治四一）年開校した。一九一一（明治四四）年にバプテスト女子神学校と改称し、一九三六（昭和一一）年までその働きを続けた。

第二節　伝道の進展と教派団体の確立

第一項　伝道の進展

明治期、全国のキリスト者は相互の協力や伝道上の協議のために集まる日本基督教信徒大親睦会を一八七八（明治一一）年七月（東京）、一八八〇（明治一三）年七月（大阪）、一八八三（明治一六）年五月（東京）、一八八五（明治一八）年五月（京都）と四回開いた。第四回大会でこれが日本基督教徒同盟会と改称され、その後はキリスト者の相互協力よりも、諸教会、諸教派の相互協調に進むことになっていったが、一九〇〇（明治三三）年第一〇回大会において「二十世紀大挙伝道」を行なうことを決議した。その伝道方法は、まず協議会、祈祷会を開いて準備を整え、次に伝道隊を組織して戸別訪問、トラクト配布、路傍伝道などを行ない、さらに大規模な伝道集会で有力な指導者の伝道説教をきき、求道者や入信決心者を得、教会はそのために集会を開くという方法であった。この約二年間の大挙伝道はいろいろな意味で転換点となった。なぜならば大挙伝道は、組織的かつ計画的に行なうためには、農村ではなく人口の集中した都市で行なわなければならず、効果を上げるためには著名な説教者、伝道者を招かなければならなかった。この伝道方法による教勢上の成果に注目して、バプテスト教会もこの伝道の流れに沿っていった。

超教派による「二十世紀大挙伝道」が始められていく背景には、以下のようなバプテスト教会としての横のつながりがあった。第一回日本浸礼教会交際会が、一八八七（明治二〇）年十一月三〇日から十二月一日まで横浜教会で行なわれ、交わりと親睦のときを持った。翌年は東京で、その翌年は仙台で持たれたが、これ以後は開催されず、

ビッケル船長（Luke W. Bickel, 1866–1917）と福音丸（日本バプテスト宣教100年史編集委員会編『日本バプテスト宣教100年史』日本バプテスト同盟，1973，p. 46）

一九〇〇（明治三三）年四月三〇日―五月一日に四谷浸礼教会において開催された「日本浸礼（派）教会組合」第一回年会へと引き継がれ、これ以後は一九一七（大正六）年第一八回総会まで毎年開催された。地区ごとに東北、関東、関西、西部の部会に分けられ、このうちの西部部会は西南部会と後に改称するが、この西南部会に属する教会が南部バプテスト連盟に連なる教会として後の西部組合、今日の日本バプテスト連盟に属する教会として群れを形成していった。

バプテスト教会の伝道の取り組みとして忘れてならないのは、福音丸による瀬戸内海伝道である。一八九九（明治三二）年九月、横浜本牧港で献船式が行なわれ、十二月神戸港を出帆し、輸送と伝道の任務についた。船長L・ビッケル（Luke Washington Bickel, 1866–1917）は、福音丸の伝道の拠点として、小豆島の土庄《とのしょう》、因島《いんのしま》の土生《はぶ》、生口《いくち》島の瀬戸田、大三島の宮浦、大島の安下庄《あげのしょう》におき、一九〇九（明治四二）年、福音丸浸礼基督教会が設立された。一九一九（大正八）年にこれが島嶼《しょ》部会として発足し、福音丸の活動範囲は、瀬戸内海を中心として、壱岐、対馬、平戸、五島列島にまで及んだ。

第二項　神学校の合同（二）

一九〇九（明治四二）年、東京の三崎町バプテスト中央会館で開催された第一〇回日本浸礼教会組合総会（五月六—八日）において、「南北両神学校の合同を宣教師会に建議する件」が仙台教会伝道師石川保五郎（一八七二—一九四四）より提出された。二年前に開校したばかりの福岡神学校を持つ西南部会にとっては、学生を北部側に吸収されることになる。そこで反対を表明したが、西南部会の代議員は八名にすぎず、多数決によりこの議案は可決された。

これに対し、翌年福岡で開催された西南部会総会（五月三—四日）では、南北神学校合併の無期延期が決議された。賛成一九名に対し、反対三名で、四日の正午で終わる予定の総会が午後六時まで延長された末での決議であった。すでに三月一五日の段階で、南部バプテストの伝道局から東京での合同神学校を始める準備が整うまで、福岡神学校を続ける許可を得ていた。そこで、できるだけ東京に神学校が移る時期を先延ばしにすることが求められた。たとえこの時点で無期延期がかなえられないとしても、できたばかりの福岡神学校側にいる者として、西南部会の態度を表明して置かなければ、収まりがつかなかったのであろう。

しかし、この西南部会が提出した「南北神学校合併無期延期の件」を六月八日から十日に有馬で開かれた第一一回日本浸礼教会組合は否決した。このときも代議員四五名中、西南部会は一八名の出席にすぎなかったので、多数決で否決となったのだった。

この合同神学校設立の背景として重要なのは、バプテスト教会もキリスト教界の教派を超えた流れの中にあったことである。この年六月一四日から二三日に開かれた第一回世界宣教会議（エディンバラ）にバプテストを代表して福岡神学校長千葉勇五郎が出席しており、彼はそのために南北神学校無期延期を決議した第八回西南部会総会や、それを否決した第一一回日本浸礼教会組合総会には出席していなかった。日本の宗教教育が十分に効果を上げるためには、各派連合の最高教育機関を設立する以外はないといった気運がこのころ強く盛り上がっており、連合した教育機関によって多人数からくる刺激を受け、教派の学校よりもいっそう広い視野が得られるという期待が高まっていた。そうした流れで、まずバプテスト派による合同神学校の設立から始めようという意気込みのなか、西南部会の反対も押し切る形で、一九一〇（明治四三）年十月一二日、日本バプテスト神学校は東京市小石川区表町一〇九番地（現在の文京区小石川三丁目）の小石川伝通院裏にある旧東亜商業学校校舎を借りて開校した。校長には横浜神学校からW・B・パーシュリー（Wilbur B. Parshley, 1859–1930）が、教頭には福岡神学校から千葉勇五郎が就任した。教授には北部からC・B・テニー（Charles Buckley Tenny, 1871–1936）、C・K・ハリントン（Charles Kendall Harrington, 1858–1920）が、南部からG・W・ボールディン（George Washington Bouldin, 1881–1967）が、そして横浜神学校からは高橋楯雄（一八七一―一九四五）、福岡神学校からは佐藤喜太郎が加わった。在校生は本科四名、別科十七名、予科二名、選科一名の計二四名で、そのうち予科は東京学院に置かれ、神学生としては取り扱われなかった。新入生は五名（福岡二、熊本一、福音丸伝道地一、平教会一）、他は横浜神学校からの十一名、福岡神学校からの六名であった。

期待のうちに始まった合同神学校ではあったが、翌年の一月からハリントンが聖書改訳に従事するため、また、テニーが健康を損ね休暇を取るため教壇から離れることになった。さらに千葉勇五郎も、ＹＭＣＡにより世界学生キリスト教連盟の会議の代表に選ばれて四月から指導者として立つことができなくなった。翌年には、合同に対して指導的役割を果たしていた校長のパーシュリーが休暇のために帰国し、健康状態が許さず日本に戻ることができなくなっていた。このような教師の不足と教派を超えた流れの中で、一九一三（大正二）年四月より日本バプテスト神学校は、予科部門（東京学院の高等学部）は明治学院と合同して哲学の授業を、教育学、説教学、心理学、論理学、倫理学、音楽、日曜学校の基礎、英語、ギリシア語の科目について、一九一三年度は明治学院や聖学院の神学部門と共同授業を行なうことを理事会は決めた。

北部ミッションにリードされたバプテスト神学校は、他派と合同することで、より優れた学生を惹き付け神学の学びを整えようとした。しかし、他派との合同よりも教派としての結束を固めようとする南部ミッションは快く思わず、明治学院との合同によって長老派や改革派の考えに大きく影響されるのではないかという懸念が強まっていた。九州のバプテストたちにとっては、一三〇〇キロ近く離れた学校に学生を送ることに依然として強い不満があった。

合同当初、南部ミッションには、「地方の教会」であった西南部会の視野を広げてバプテストという教派としてより密接に連帯していこうとする願いがあった。しかし、神学教育に対して他教派との協力を推し進め、最新の聖書研究を導入し、キリスト教が社会に対して働きかけるものでなければならないという北部ミッションの考え方は、「魂の救済を第一に考える」南部側としては受け入れることができるものではなかった。バプテスト教会として「滴礼」を受けた他教派の信徒を、「浸礼」を受けずに受け入れるかどうかという点でも見解の相違があった。こうした違いがより明確になり、一九一八（大正七）年六月、南部ミッションが神学校の協同を打ち切り、合同神学校としての幕を閉じた。

その後、この神学校は北部ミッションのみの学校となり、一九一九（大正八）年四月「東京学院神学部」となり、この年「私立中学関東学院」と、東京学院が合併して一九二七（昭和二）年四月に「関東学院神学部」となった。

さらにその後一九三六（昭和一一）年、関東学院神学部は青山学院神学部と合併した。
一方、南部ミッションに連なる西部は、一九一六（大正五）年二月西南学院の設立後、一九二三（大正一二）年四月「西南学院高等学部神学科」が創立されるまで、独自の神学教育の中断を余儀なくされた。

第三項　教派団体の確立

一九一七（大正六）年第一八回日本バプテスト教会組合総会（六月六―八日）において、組合規則を改正して総会は三年に一回とし、名称も「日本浸礼教会組合」から「日本バプテスト教会組合」とすることを決議した。これは西南部会からすれば、毎年の総会に代議員を多数送り出すことが地理的にも経済的にも困難であり、総会で話し合われる議題が必ずしも共通問題ではなく、むしろ東部関係のものが多かったこともあって、毎年の開催についての変更と議題についての検討を前回の総会で提案していたことが実現したものである。

南部ミッションに連なる西部は「西南部会」の一部会だけであったため、部会総会で終わらせることができたが、北部ミッションに連なる東部の諸教会は当時三部会（東北、関東、関西。島嶼《しょ》部会〈現在の「内海」〉は一九一九（大正八）年に関西から分離設立）があり、部会総会以外に全体の協議機関として教会組合総会が必要であった。このため総会では東部内の議題が多くなり、西部側の不満の原因となっていたが、組合総会を三年に一回とすることでこの問題を解決しようとした（二）。

ところが、総会の開催を三年に一回としたため、東部は毎年の協議機関が必要となり、同年九月に第一回「日本バプテスト教会東部年会」を開催した。東部は「東部年会」の名称を使用することにしたので、西部側に「西南部会」を「西部年会」に改めては、との打診を行なった。西部はこれに対して一九一八（大正七）年三月の第一六回西南部会総会で「日本バプテスト西南部会」を「日本バプテスト西部組合」（以下西部組合と略す）とすることを決め、東部と協議を行なった後、同年五月二三日「西部組合」と改称した。東部は第二回年会で「日本バプテスト組合東部年会」と改称し、第三回年会で西部組合の名称を追認する形で、「日本バプテスト東部組合」（以下「東部組合」と略す）と改称した。

東部組合は一九二二（大正一一）年五月に行なわれた第六回年会で、伝道部、教役者養成部、教役者扶助部、宗教教育部、常務部を新たに設置し、翌年第七回総会で専任主事を置くことを決議した。(三) 当初、東部組合の役割は、東部内の連絡調整、協力、親睦などであったが、強力な伝道を推進する目的のため、組織を強化して全国的に統一された事業を実施していく方策が取られ、最終的に東部組合は、米国北部バプテスト在日宣教師会、日本バプテスト東部婦人宣教師会と合併して、米国資金や人事権も掌握する強力な組織となった。(四)

西部組合は一九一九（大正八）年第一七回年会において規則改正を行ない、宣教師に代議員と同資格を与え、主にミッションとの交渉に当たっていた常置委員に代わる理事会（理事長一名、理事二名、評議員四名）を発足させた。この規則は、ミッション年会と一つになり部制が敷かれるなど、全面的改正がなされた一九三三（昭和八）年三月の第三一回年会まで適用された。一九二〇（大正九）年四月から一九二五（大正一四）年六月までは、信徒数の倍加や教会の独立促進などをはかる「五年運動」を行ない、一九二八（昭和三）年から一九三二（昭和七）年まで協同伝道を行なった。この「五年運動」期間中、一九二二（大正一一）年三月、小倉に西南女学院が設立された。またこの期間中、西部組合の信仰について問いかける「アサ会」事件が起こった。一九三三（昭和八）年三月の第三一回年会において、西部組合は「西部バプテスト十年計画に関する件」を可決し、この計画に沿って、日本人七名、宣教師五名の理事が選出され、伝道部、教育部、社会部、婦人部、教役者扶助部、出版部、財務部の七つの各部の部長をその日本人理事たちが兼任することになった。これは従来のミッションの「監督指導」から「協力、援助」の方針へと移り変わる決議であったが、ミッションから自立できる力がついたからというよりも、背景にはミッションの経済上の逼迫《ひっぱく》と、一九三〇年代初頭から台頭してきたナショナリズムの強い影響があった。(五)

東西両組合は合同神学校の閉鎖後、それぞれ独立した歩みを強めた。一九二〇（大正九）年第一九回教会組合総会では、教役者扶助会の経営に関して両ミッションの態度が一致しないため、東西各組合の経営に任すことにし、西部組合に属する各教会および個人の脱会申出を承認することを決議した。また、一九二六（大正一五）年四月、南部ミッションはそれまで十年間行なってきた機関紙『基督教報』に対する補助の打ち切りを断行した。さらに同年三月に行なわれた第二一回教会組合総会において提案され決議された「日本バプテスト大会」も、二年後の十月、大会一月前になって南部ミッションの申し出により中止になった。

三年に一回となった教会組合総会についても、一九二〇（大正九）年第一九回教会組合総会において、総会を取り止め毎年事務打ち合わせを行なうことや、総会を隔年にすること、委員による調査を行なうこと、親睦会へ変更することなどが意見として出され、その後も総会の在り方についてこの議論は続けられたが、三年に一回だけ顔を合わせる状況のなかでは、その総会も連絡と親睦を兼ねたものとなり、バプテストとしての対外的問題や共通の問題について協議する場ではなくなっていた。(六)

第三節　十五年戦争とバプテスト――日本基督教団加盟と敗戦からの出発

第一項　東西バプテストの合同と日本基督教団への加盟(七)

一九三〇（昭和五）年九月二日から四日にかけて御殿場東山荘で神の国運動第二回全国協議会が開催され、三日の午後三時から教派別に行なわれた懇談会が東西バプテストの合同を促す始まりとなった。

一九三四（昭和九）年第三二回西部組合年会（四月二六―二八日）は、東西両組合の連絡問題研究委員を教会組合総会の常置委員に一任する形で選出した。東部組合も同様に、同年第一八回東部組合年会（五月二三―二五日）において、同委員選出を新理事会に一任した。

一九三五（昭和一〇）年第三三回西部組合年会（四月二―四日）は、東西両組合合同促進の趣旨に対し満場の賛成を得て、合同促進委員として第二四回教会組合総会（同年、五月二四日）出席者を充てることを決議した。この人選は理事会が行ない、荒瀬鶴喜（一八七三―一九五〇）、天野榮造（一八七二―一九四五）、片谷武雄（一八九四―一九七二）、黒田政治郎（一八八三―一九四八）、三善敏夫（一九〇三―一九八二）、尾崎主一（一九〇五―一九九〇）、下瀬加守（一八七七―一九五五）、谷廣虎三《たにひろとらぞう》（一九〇二―一九七六）、為近貞義《ためちかさだよし》（生年不詳―一九四〇）、熊《ゆ》野《や》清樹《きよき》（一八九〇―一九七一）が選ばれた。

東部組合も、同年第一九回東部組合年会（五月二二―二三日）において「日本バプテスト東西両組合合同問題研究委員」として、千葉勇五郎、大澤孫一郎（一八八〇―一九四五）、藤井藤太、澤野良一（一八九五―一九四五）、友井楨（一八八九―一九六二）、高橋輝明（一八七四―一九五〇）、渡部元（一八七七―一九五八）、W・アキスリング（William Axling, 1873–1963）、A・C・ビックスビー（Alice Catherine Bixby, 1885–1973）、D・C・ホルトム（Daniel Clarence Holtom, 1884–1962）を選んだ。第二四回教会組合総会はこの東西二〇名の委員からなる委員会によって合同問題の研究を進めていくことを決議した。

実際に東西合同に進展が見られるようになったのは、一九三八（昭和一三）年になってからであった。同年三月一六日、合同研究委員会がもたれ、教会組合総会に提案する次のような合同案がまとめられた。

（一）南北両ミッションノ協力ヲ含ム単一理事会ノ組織ヲ期シ先ヅ可能ナル事業ヨリ着手スルコト
（二）日本バプテスト教会組合ヲ改組シ東西両組合ヲ構成スル諸団体ヲ以テ日本バプテスト教会ヲ組織スルコト
（三）日本バプテスト教会ノ役員ハ東西両組合ノ理事長及ビ主事ヲ以テ之ニ充ツル事
（四）総会ヲ隔年ニ開クコト
（五）機関紙ヲ一ツニスルコト
（六）年会ヲ東西ニ置クコト
（七）事務所ハ東京ニ置クコト

二日後の三月一八日に開かれた第二五回日本バプテスト教会総会（広島教会）は六の「年会ヲ東西ニ置クコト」を削除し、三の「主事」を「邦人主事」に変え、八に「財政に関する事は、本漸定案実行中は従来の例によるものとす」を加え、「日本バプテスト教会組合規則改正」の研究を研究委員四名（安村三郎（一八九一—一九七〇）、友井楨、下瀬加守、黒田政治郎）に任せることを可決した。「教会合同」に関しては、「きわめて重大なる問題なれば両組合年会に回送し慎重協議せしむる事」を決めた。さらに西部組合伝道部から提案されていた「本総会の名に於て東亜伝道（満州伝道）に協力せられん事」を満場一致で承認した。すでに天野桊造牧師赴任後、「満鮮伝道後援会」が東西にまたがる会員で組織され、東西合同の機運を促進する役割をも担っていたが、前年十二月大連バプテスト教会を西部組合が設立させていたことから、東部側からのさらなる協力が求められていた。

一九三九（昭和一四）年に東西両組合から選出された合同準備委員は、九月の委員会で以下のことを決議した。

（一）昭和十五年四月一日より日本バプテスト東西両組合を合同する事

（二）教団規則草案を作成し所属団体の意見を聞く事

（三）昭和十五年一月上旬姫路に於て両年会並に総会を開催する事

（四）男子神学校を合同し、東京神学寮に於て経営する事

（五）両組合関係バプテスト伝道社団は教団法人の管理の下に置き個々の教会団体に対しては法人を認めざるの方針をとる事

一九四〇（昭和一五）年一月三—五日に第二四回東部組合年会、第三八回西部組合年会が、日ノ本女学校と姫路教会で開催され、東西両組合を解散することを決議した。また四日に第二六回日本バプテスト教会総会を開催し、そこで総会名称を「日本バプテスト基督教団組織総会」と改称し、ここに東西両組合が合同して日本バプテスト基督教団が成立した。この総会で千葉勇五郎を統理として選出し、宗教団体法に準拠した教団規則案などを審議・修正し、合同神学校創立準備を新理事会に一任、「皇紀二千六百年記念」伝道案を新伝道部、新理事に一任すること

日本バプテスト基督教団組織総会（日本バプテスト宣教100年史編集委員会編『日本バプテスト宣教100年史』日本バプテスト同盟，1973，p.62）

を可決した。合同神学校は日本バプテスト神学校としてこの年の四月一〇日に田園調布の東京神学寮で開校した。

日本バプテスト基督教団の成立した年の六月一二日、文部省から宗教団体法の教団設立認可の基準が示された。それによると、教会数五〇、信徒数五千を上まわることであった。日本バプテスト基督教団はこの基準を満たしていたが、この年の十月一五日から一六日に行なわれた第二回日本バプテスト基督教団総会は「教派合同に賛成する事を最大多数にて可決」した。

一九四一（昭和一六）年六月二四―二五日、日本基督教団創立総会は東京の富士見町教会で開催され、三四の教派が合同に加わった。日本バプテスト基督教団は第四部として位置づけられたが、翌年十一月二四―二五日に開かれた第一回総会は部制を廃止することを決議したため、この年十一月二七―二九日に開かれた第四回日本基督教団第四部大会が、東西バプテストの集結した最後の大会となった。この大会で日本バプテスト神学校を翌年の三月末で廃止することを決めた。

第二項　戦後の歩み（八）

一九四七（昭和二二）年四月三日、福岡市の西南学院教会において、南部バプテストに連なる西部の一六の教会は、日本基督教団を離脱し「日本バプテスト連盟」を結成した。前年十月一五―一六日に同志社で行なわれた第四回日本基督教団第四回総会が、「日本基督教団は公同教会である」という教憲を制定して、教会観の違いを明確にしていたことや、南部バプテストとの伝道協力をこれによって得ることができることが結成の主な理由である。（九）

これに対し、北部バプテストに連なる東部の諸教会は、同年九月八―一一日神奈川県逗子麗翠館で旧バプテスト教会系の教師修養会を行ない、西部のように日本基督教団を離脱せず、「日本基督教団新生会」を組織して日本基督教団内に留まることにより、バプテストの伝統特色を生かすことをめざした。

日本バプテスト連盟結成の翌年、一九四八（昭和二三）年八月二六―二七日、第一回婦人部総会が西南学院教会において開催された。一九二〇（大正九）年婦人会同盟が結成され、一九三三（昭和八）年からは西部組合婦人部として位置づけられていたものが、再び日本バプテスト連盟婦人部として出発することになった。これは一九七三（昭和四八）年二月の日本バプテスト婦人連合（現女性連合）発足へとつながっていった。

一九四九（昭和二四）年四月、関東学院大学と西南学院大学が、それぞれ東部系、西部系の教会の流れを汲む高等教育機関として発足した。

この年八月三日から五日にかけて、第一回日本基督教団新生会総会が関東学院大学にて開催された。そこで「新生会は日本基督教団の内にあって、其の伝統特色を発揮しつつ、親しい交わりを保ち、主に奉仕し、教会の発展充実を期す」と決議したが、これをふまえて、会派としての公認を求める交渉が日本基督教団関係者との間で進められたが認められず、一九五三（昭和二八）年五月第五回基督教新生会大会にて「日本基督教団新生会」から「基督教新生会」へと名称を変更し、一九五四（昭和二九）年五月第六回基督教新生会大会は「基督教新生会綱領宣言（一〇）」を信仰宣言として可決した。なおこの年十月、第八回日本基督教団総会は「日本基督教団信仰告白」と「生活綱領」を制定している。

一九五五（昭和三〇）年一月三〇日、沖縄バプテスト連盟が結成された。一八九一（明治二四）年北部バプテストの宣教師R・A・タムソンによって沖縄伝道は始められ、東部との関係が深かったが、この年七月第九回日本バプテスト連盟総会は沖縄伝道を決議し、調正路《しらべまさみち》宣教師一家を送り出した。このとき沖縄への伝道を「国外伝道」と位置づけたことに対し悔い改めが生まれ、一九六七（昭和四二）年十二月をもって日本バプテスト連盟は沖縄への伝道を取り止めた。この年一三地方連合が設置された。また、一九二九（昭和四）年から戸畑における隣保事業として始まった「隣光舎」はこの年をもってその役割を終えた。なお一九九一（平成三）年十一月に行なわれた沖縄バプテスト連盟宣教一〇〇年記念式を契機として、日本バプテスト同盟、沖縄バプテスト連盟、日本バプテスト連盟の三者協議が毎年開催されるようになり、宣教について協議する場が与えられるようになった（一一）。

一方、一九五五年五月二日、日本基督教団を離脱した東部系の教会が集まって「日本バプテスト組合」を結成し、十月に第一回日本バプテスト組合年会を奈良佐保教会で開催した。また五月開催の第七回基督教新生会大会は世界バプテスト連盟への加盟を決議し、新生会代表として七月にロンドンで開催された大会にB・L・ヒンチマン（Bill L. Hinchman, 1921–2001）、菅谷仁（一八九四―一九六二）、山本君代（一八九九―一九六八）を送り出し、同大会での新生会の加盟が承認された。一九五六（昭和三一）年五月二―四日、兵庫県川西市の猪名川キャンプ場で開催された第八回基督教新生会大会は、新生会の機構改革が提案され、機構改革研究委員会にその検討を一任することを決議した。翌年八月二七—二九日に行なわれた第九回基督教新生会大会は、三年以内に各教会は日本基督教団に残るか、バプテスト派として離脱するかどうか選択することを決めた。この流れの中から、一九五八（昭和三三）年一月三〇—三一日、バプテスト派として日本基督教団から離脱することを選択した教会により日本バプテスト同盟組織総会が開催され、三〇日に日本バプテスト同盟が結成された。翌年四月二八—二九日に開かれた第一一回基督教新生会大会が基督教新生会としての最後の大会となり、旧東部組合に属していた教会は日本基督教団に残った「教団新生会」と日本バプテスト同盟とに分かれることになった（一二）。

日本バプテスト同盟婦人部はこの年の三月二六日に発足し、婦人部の組織会が行なわれた。八月一八—二〇日には、日本バプテスト同盟としての全国伝道協議会が御殿場の捜真女学校の自然教室において開催され、（一）開拓伝道、（二）教会互助運動、（三）信徒訓練について活発なグループ協議が行なわれた（一三）。

旧西部組合に連なる教会は、一九四七（昭和二二）年四月に日本バプテスト連盟を結成し、南部バプテストの伝道協力を背景に、戦後の精神的空白によって心のよりどころを失った人々に対して積極的な伝道を展開し、キリスト教ブームの追い風にも乗って教勢を伸ばした。しかし、「ザル教勢」といわれるほどに教会への定着率は悪かったので、フォローアップ体制の再検討が、一九五七（昭和三二）年より「新生伝道」という名称で始まった。さらに一九六〇（昭和三五）年から五年間の「第一次五カ年運動」、一九六三（昭和三八）年の新生運動、一九六五（昭和四〇）年から五年間の第二次躍進五カ年運動、一九六六（昭和四一）年第一次テキサス・チーム伝道、一九六七（昭和四二）年第二次テキサス・チーム伝道と進み、これをふまえて一九六九（昭和四四）年十二月に総合伝道戦略会議が開かれ、教会の社会へのかかわり、隣人性、信徒の主体性、伝道者の養成等について活発な協議がなされた。長年にわたって南部バプテストの大きな団体組織の支援によって進んできた日本バプテスト連盟の体質が自立への姿勢を弱め、依存的な体質になっていなかったか、諸教会も伝道部の企画に依存しそれに便乗するのが精一杯で、教会独自に生み出す企画・予算をもって進めることが弱かったのではないかという反省がなされた。つまり南部バプテストという大きな伝道支援に対して、バプテスト教会としての各個教会の自由・自治という側面から伝道の在り方が問い直されていった。なおこの時期、一九六五（昭和四〇）年八月、日本バプテスト連盟は戸上信義・公子夫妻をブラジルへ宣教師として送り出した。さらに一九八三（昭和五八）年浅見祐三・鈴子宣教師夫妻をインドネシアへ、その三年後木村公一・オッチョ宣教師夫妻を同じくインドネシアへ、一九八八（昭和六三）年江原淳・都代子宣教師夫妻をタイへ送り出した。一九九〇年代になってからは、一九九五（平成七）年加藤享・喜美子宣教師夫妻をシンガポールへ、翌年日高嘉彦・龍子宣教師夫妻をタイへ送り出した[一四]。

日本バプテスト同盟は、一九六八（昭和四三）年海外医療伝道協会を設置し、翌年十二月、長谷川温雄宣教師夫妻をインドに宣教医として送った。この海外医療伝道協会は、十年後の第二一回日本バプテスト同盟総会において日本バプテスト海外伝道協会と変更された。一九九二（平成四）年十月には大里英二・エミ宣教師夫妻をタイへ送り出している。最初の宣教師である長谷川宣教師夫妻をインドに送り出した同じ一九六九（昭和四四）年六月、学園紛争により関東学院大学神学部の廃止が決まった。十年前の四月から神学部として開かれていたが、廃止が決定され、それに代わる日本バプテスト同盟の伝道者養成機関として、一九七四（昭和四九）年宣教研修所が設置され、これが一九九六（平成八）年日本バプテスト神学校となった[一五]。

これに対し、日本バプテスト連盟の伝道者養成は、結成一年前の一九四六（昭和二一）年四月、「西南聖書神学校」の設立から始まった。翌年「西南学院専門学校神学科」となり、一九四九（昭和二四）年西南学院大学発足と共に学芸学部神学専攻、さらに二年後西南学院大学文商学部神学専攻、一九五四（昭和二九）年同大学文学部神学科、一九六六（昭和四一）年同大学神学部神学科として受け継がれ、一九六一（昭和三六）年から一九七五（昭和五〇）年三月までは「西南聖書学院」もこれに併設されていた。さらに一九九五（平成七）年牧師等、教会指導者の継続研修・訓練機関として宣教研究所が設立された。また一九六二（昭和三七）年東京地方連合立として「東京バプテスト福音宣教学院」が設立され、二年後これを「東京バプテスト神学校」に改名し、一九八六（昭和六一）年からは北関東連合、神奈川地方連合を加えて三連合立の神学校として、牧師・教会教育主事・教会音楽主事の育成に努め、一九八八（昭和六三）年からは「九州バプテスト神学校」が「東京バプテスト神学校」同様に、連合立の通信制を含む夜間の神学校として発足し、その働きに加わった（一六）。

一九七〇年代は、全国の学園で起こった学園紛争に影響され、教会もその渦の中にあった。「バプテスト世界大会反対問題」、「万博反対問題」、「神学校闘争」と続き、それまでの歳月と比べ苦難の日々を強いられたが、日本バプテスト連盟においては「自立と協力」の名のもとに、事務所の大幅な縮小、婦人部の独立、事業体の独立等を経て一九七七（昭和五二）年経常費の自給化を達成し、五年後には神学校を含めた経常費の自給化を達成した（一七）。

「日本バプテスト連盟信仰宣言」は、一九四七（昭和二二）年四月に結成されたときに出されたものと、十年の改訂期間を経て一九七九（昭和五四）年八月に出されたものとがあり、「靖国神社問題に対する日本バプテスト連盟の信仰的立場（反ヤスクニ宣言）」は、一九八二（昭和五七）年八月第三六回総会において、「戦争責任に関する信仰宣言」は一九八八（昭和六三）年八月第四二回総会において、「平和に関する信仰的宣言」は二〇〇二（平成一四）年十一月第四九回総会において採択した（一八）。

これに対し、日本バプテスト同盟は、一九九二（平成四）年「日本バプテスト同盟『戦争責任』に関する悔い改め」を第三五回総会において採択し、二〇〇一（平成一三）年七月、「日本バプテスト同盟信仰宣言」を第四四回総会において採択した(一九)。

トピックス

人物

（一）下瀬加守（しもせ　かもり・一八七七―一九五五）

横浜バプテスト神学校を一九〇一（明治三四）年卒業後、長府教会赴任。翌年渡米、ワシントン大学、シカゴ大学神学部に進み、一九〇七（明治四〇）年帰国。神戸教会牧師、生野の開拓伝道、東京バプテスト会館主事を経て、一九一一（明治四四）年から一九四四（昭和一九）年まで福岡教会牧師（『日本キリスト教歴史大事典』教文館、六二二頁参照）。西部組合の長として長く貢献した。

（二）菅谷　仁（すがや　じん・一八九四―一九六三）

一九二七（昭和二）年東京学院卒業後、神戸葺合教会、川崎教会牧師を経て、一九三七（昭和一二）年九月東部組合主事に就任。一九四〇（昭和一五）年日本バプテスト基督教団結成後も主事を務め、翌年日本基督教団結成後、人事委員、第四部主事、基督教新生社団常任理事を歴任。一九五九（昭和三四）年三月末まで二一年余バプテスト教会主事として奉職した（『日本キリスト教歴史大事典』七一四頁、日本バプテスト宣教一〇〇年記念委員会『日本バプテスト宣教一〇〇年史』七八頁参照）。

（三）千葉勇五郎（ちば　ゆうごろう・一八七〇―一九四六）

一八九三（明治二六）年バプテスト教会最初の留学生としてのアメリカのコルビー大学、ロチェスター神学校に学び、一八九八（明治三一）年帰国。尚絅女学校（尚絅女学院）、東京学院、同志社女学校の教頭を歴任、さらに福岡神学校校長在任中の一九一〇（明治四三）年日本バプテスト神学校が成立後、その教頭に就任。一九一九（大正八）年院長となった東京学院が一九二七（昭和二）年関東学院と合併したのに伴い副院長、一九三一（昭和七）年院長就任、五年後に名誉院長となる。この間、一八九九（明治三二）年四谷教会牧師、一九〇五（明治三八）年巡回教師、一九三三（昭和八）年東部組合理事長、一九四〇（昭和一五）年日本バプテスト基督教団統理となった（『日本キリスト教歴史大事典』八六六頁参照）。東西バプテスト教会の長として、また教派間のバプテスト派の代表として貢献した。

（四）　友井　楨　（ともい　こずえ・一八八九―一九六二）

一九一三（大正二）年日本バプテスト神学校卒業後、神戸教会副牧師となり、翌年ロチェスター神学校に留学。さらにアンドーヴァー神学校、ニュートン神学校に学び、一九一九（大正八）年帰国。川崎教会、浪速教会の牧師を経て東部組合の主事を務め、この間、ラウシェンブッシュ（Rauschenbush）著『基督教と社会の危機』、『社会的福音の神学』を訳出。同書はキリスト教学生運動（ＳＣＭ）の導火線となった。一九二七（昭和二）年関東学院神学部新約学教授に就任。日本基督教団成立の推進者。教団総会書記、総主事を務め、晩年は四谷新生教会牧師として奉職（『日本キリスト教歴史大事典』九六〇頁参照）。

（五）　熊野清樹　（ゆや　きよき・一八九〇―一九七一）

一九一九（大正八）年日本バプテスト神学校卒業後、門司教会牧師に就任、一九二二（大正一一）年米国に留学。一九二四（大正一三）年帰国後、西南学院高等部神学科教授となり、一九三二（昭和七）年小石川教会（後の目白ヶ丘教会）牧師に就任。戦前から東西バプテストのかけ橋として活躍。南部バプテストとの信頼関係のなかで日本バプテスト連盟の結成、その後の歩みに指導者として貢献した。（『日本キリスト教歴史大事典』一四五八頁参照）。

読者への問いかけ

日本のバプテスト教会としてのつながりをどこにみることができるだろうか。

バプテストの主張

日本バプテスト組合を解散すべきであるという意見に対し、時田信夫（一八九九―一九九〇）は以下のように述べている。

日本バプテスト組合は全国にあるバプテスト主義の教会よりなる教会組合である。是は決して東部西部の両組合の連盟ではない。ゆえに東部西部の両組合の利害・傾向、見解等に相違があるとしても、将来両組合が其行動を共にし得ない恐ありとも、解散する必要はない。

全国のバプテスト教会がバプテスト主義に一致している限り、教会組合は存続すべき性質のものである。即ち（一）キリストのみを首《かしら》として新約聖書によりて導かれ、（二）神と個人の霊魂との直接関係を認め、一切の中保的功徳を認めず、（三）信仰を告白した者にのみバプテスマを施して会員となし、（四）バプテスマの《(ママ)》聖餐の表象的意義を主張し、（五）教会員相互の平等と信仰の自由を認め、（六）各教会の自治独立と相互の共和的関係を主張し、（七）政治と宗教との絶対的分離を主張する点に於て一致して居る限り、一つの教派たるの意識を持つて居るのが当然であり、外部に対して斯《か》く思はしむるやう教会組合を形成して行くべきである（『基督教報』第九〇六号、一九二九・四・二六）。

参考文献

枝光　泉『宣教の先駆者たち―日本バプテスト西部組合の歴史―』ヨルダン社、二〇〇一年。

高橋楯雄『日本バプテスト史略 上』東京三崎会館、一九二三年。

高橋楯雄『日本バプテスト史略 下』東部バプテスト組合、一九二八年。

富坂キリスト教センター編『十五年戦争期の天皇制とキリスト教』新教出版社、二〇〇七年。

日本キリスト教歴史大事典編集委員会『日本キリスト教歴史大事典』教文館、一九八八年。

日本バプテスト宣教一〇〇年記念委員会編『日本バプテスト宣教一〇〇年史』日本バプテスト同盟、一九七三年。

日本バプテスト連盟五〇年史編纂委員会『日本バプテスト連盟五〇年史』日本バプテスト連盟、一九九七年。

日本バプテスト連盟・宣教八〇年史編集委員会編『バプテスト宣教八〇年の歩み』日本バプテスト連盟、一九六九年。

日本バプテスト連盟歴史編纂委員会編『日本バプテスト連盟史 一八八九—一九五九』ヨルダン社、一九五九年。

バプテスト研究プロジェクト編『バプテストの歴史的貢献』関東学院大学出版会、二〇〇七年。

注

(一) 枝光 泉『宣教の先駆者たち—日本バプテスト西部組合の歴史—』ヨルダン社、二〇〇一年。
(二) 松岡正樹「日本バプテスト教会組合の歴史」『宣教』第二八号、日本バプテスト神学校宣教研究所、二〇〇五年。
(三) 松岡正樹「日本バプテスト東部組合・組織の変遷について」『宣教』第二七号、日本バプテスト神学校宣教研究所、二〇〇四年。
(四) 前掲書。
(五) 枝光、前掲書。
(六) 枝光、前掲書。
(七) 松岡正樹「戦時下のバプテスト派と天皇制」(富坂キリスト教センター編『十五年戦争期の天皇制とキリスト教』)新教出版社、二〇〇七年。枝光、前掲書。

（八）東部関係の資料として以下のものを参照した。日本バプテスト宣教一〇〇年記念委員会編『日本バプテスト宣教一〇〇年史』日本バプテスト同盟、一九七三年。村椿真理「教団新生会の歴史検証」（バプテスト研究プロジェクト編『バプテストの歴史的貢献』）関東学院大学出版会、二〇〇七年。原　真由美「太平洋戦争後の復興期におけるバプテストの婦人達」『キリスト教と文化』第七号、関東学院大学キリスト教と文化研究所所報 二〇〇八年度、二〇〇九年三月。

（九）日本バプテスト連盟五〇年史編纂委員会『日本バプテスト連盟五〇年史』日本バプテスト連盟、一九九七年。この創立総会にあたって加盟した一六教会は以下の通りである（日本基督教団時の名前で表記）。小石川駕籠町教会、西巣鴨教会、呉本通教会、広島千田町教会、下関新町教会、門司幸町教会、小倉小姓町教会、小倉思恩山教会、八幡教会、戸畑打越町教会、福岡城北教会、西南学院教会、大牟田不知火教会、熊本千反畑教会、長崎勝山教会、伊集院教会。

（一〇）「新生会綱領宣言」について、以下に引用する。

《新生会綱領宣言》

前文、われらは、日本における新生会八〇年の伝統的信仰の歴史を省みつつ、今、われらの立っている信仰の共同的基盤を明らかにして、ここにその信仰の特質的なものを新生会の内外に宣言する。

一、われらは、聖書を信仰と生活の基盤とする。

二、見えざる公同教会を信ずる。この公同教会は、地上においては個別教会のうちにのみあらわれている。

三、個別教会の主にある自主性を主張し、相互の連帯性を重んじる。

四、個別教会の信徒は、イエス・キリストを唯一の主と告白し、バプテスマを受けた者とする。幼児バプテスマは認めない。

五、バプテスマの方式は「浸礼」とする。

六、バプテスマと主の晩餐とは、象徴的意味の礼典とする。

七、信徒はすべて祭司であり、平等である。従って教会政治は会衆制を採る。

八、信仰による良心の自由を重んずる。

九、政治と宗教との分離を主張する。

（一一）『日本バプテスト連盟五〇年史』。『日本バプテスト宣教一〇〇年史』。地方連合は、北海道、東北、北関東、東京、西関東、神奈川、中部、関西、中四国、北九州、福岡、西九州、南九州の一三からなる。

（一二）二〇一〇年現在、教団新生会の教会とは以下の通りである。内丸教会、釜石新生教会、遠野教会、花巻教会、奥中山教会、仙台ホサナ教会、益子教会、三崎町教会、原町田教会、四谷新生教会、早稲田教会、目黒原町教会、川崎教会、大町教会、名古屋新生教会、豊明教会、芦屋岩園教会、神戸聖愛教会、姫路教会、龍野教会、生野教会、豊岡教会、城崎教会。

（一三）原 真由美「太平洋戦争後の復興期におけるバプテストの婦人達」『キリスト教と文化』第七号、関東学院大学キリスト教と文化研究所所報 二〇〇八年度、二〇〇九年三月。

（一四）『日本バプテスト連盟五〇年史』、『バプテスト宣教八〇年の歩み』。

（一五）「日本バプテスト同盟年表 一八六〇―二〇〇三」『日本バプテスト宣教一〇〇年史』。

（一六）『日本バプテスト連盟五〇年史』。

（一七）前掲書。

（一八）前掲書。日本バプテスト連盟［教会員手帳］改訂委員会『教会員手帳』、日本バプテスト連盟、二〇〇二年。一九四七（昭和二二）年に出された日本バプテスト連盟信仰宣言については次のような説明が加わっている（『教会員手帳』）。

（以下の信仰宣言は一九四七年四月三日の西南学院教会における「バプテスト総会」に規約第三条「教義の大要」として提案され、翌四八年、第二回年次総会において承認され、四九年「日本バプテスト連盟信仰要義」として決議された。なお、参考聖句は一九五二年に付加されたものである。）

（一九）「日本バプテスト同盟年表 一八六〇―二〇〇三」。

略年表

一八七三（明治六）年	（二月）N・ブラウン、J・ゴーブル（北部バプテスト宣教師）来日
	（三月）横浜第一浸礼教会設立
一八七五（明治八）年	駿台英和女学校設立（一九二一年閉校）
一八八四（明治一七）年	（十月）横浜バプテスト神学校設立
一八八六（明治一九）年	捜真女学校の前身設立
一八八七（明治二〇）年	第一回日本浸礼教会交際会開催
一八八九（明治二二）年	（十一月）J・W・マッコーラム、J・A・ブランソン（南部バプテスト宣教師）来日
一八九〇（明治二三）年	日本浸礼（派）教会組合第一回年会開催
一八九一（明治二四）年	長府英和女学校、福音女学校設立（一九〇一年閉校）
一八九二（明治二五）年	尚絅女学校設立
一八九三（明治二六）年	日ノ本女学校設立
一八九五（明治二八）年	東京中学院（関東学院の前身）設立。神戸善隣幼稚園開設
一八九六（明治二九）年	東京幼稚園保母養成所設立
一八九九（明治三二）年	福音丸による瀬戸内海伝道開始
一九〇三（明治三六）年	第一回日本浸礼派教会西部部会開催。福音書店の設立
一九〇七（明治四〇）年	福岡神学校設立（三年後日本バプテスト神学校に併合）
一九〇八（明治四一）年	バプテスト伝道女学校設立（一九三六年閉校）

	早稲田友愛学舎設立
	十月以降広島以西は南部バプテストの伝道地となる
一九〇九（明治四二）年	東京バプテスト女子学寮開設
一九一〇（明治四三）年	日本バプテスト神学校設立（一九一八年七月以降南部は離脱）
一九一六（大正五）年	西南学院設立
一九一七（大正六）年	第一回日本バプテスト教会東部年会開催（二年後日本バプテスト東部組合へ改称）
一九一八（大正七）年	日本バプテスト西南部会から日本バプテスト西部組合へ改称
一九一九（大正八）年	関東学院設立
一九二〇（大正九）年	婦人会同盟結成（南部バプテストに連なる婦人会、一九三三年西部組合婦人部となる）
一九二二（大正一一）年	西南女学院設立
一九二七（昭和二）年	日本バプテスト神学校は東京学院神学部と合併、関東学院神学部となる
一九四〇（昭和一五）年	（一月）第二四回東部組合年会開催。第三八回西部組合年会開催。第二六回日本バプテスト教会総会開催、東西合同して日本バプテスト基督教団設立へ
	（四月、東西合同の）日本バプテスト神学校設立（一九四三年三月まで存続）
一九四一（昭和一六）年	（六月）日本基督教団創立総会開催（日本バプテスト基督教団は第四部、翌年部制は廃止）
一九四六（昭和二一）年	西南聖書神学校設立（翌年西南学院専門学校神学校へ）
一九四七（昭和二二）年	（四月）日本バプテスト連盟結成、「日本バプテスト連盟信仰宣言」採択
	（九月）日本基督教団新生会結成
一九四八（昭和二三）年	（八月）第一回婦人部総会（南部バプテストに連なる婦人会、一九七三年日本バプテスト婦人連合〈現女性連合〉となる）

一九四九（昭和二四）年	関東学院大学（北部バプテスト系）、西南学院大学（南部バプテスト系）発足。西南学院専門学校神学校は西南学院大学学芸学部神学専攻、一年後西南学院大学文商学部神学専攻となる。
一九五三（昭和二八）年	「日本基督教団新生会」から「基督教新生会」へと改称
一九五四（昭和二九）年	西南学院大学文学部神学科設置 第六回新生会大会にて「基督教新生会綱領宣言」採択
一九五五（昭和三〇）年	（一月）沖縄バプテスト連盟結成 （五月）日本バプテスト組合結成 （七月）基督教新生会　世界バプテスト連盟加盟
一九五八（昭和三三）年	（一月）日本バプテスト同盟結成
一九五九（昭和三四）年	（三月）日本バプテスト同盟婦人部発足 （四月）関東学院大学神学部設置
一九六一（昭和三六）年	西南聖書学院を日本バプテスト連盟神学校に併設（一九七五年三月まで）
一九六二（昭和三七）年	東京バプテスト福音宣教学院設立（日本バプテスト連盟東京地方連合立神学校、一年後「東京バプテスト神学校」へ改称（一九八六年からは北関東と神奈川連合も加わる）
一九六五（昭和四〇）年	戸上信義・公子宣教師夫妻をブラジルへ派遣（日本バプテスト連盟）
一九六六（昭和四一）年	西南学院大学神学部神学科設置
一九六八（昭和四三）年	海外医療伝道協会設立（日本バプテスト同盟、十年後日本海外伝道協会となる）。翌年十二月長谷川温雄宣教師夫妻をインドへ宣教医として派遣
一九六九（昭和四四）年	関東学院大学神学部廃止
一九七四（昭和四九）年	宣教研修所設置（日本バプテスト同盟）

一九七九（昭和五四）年	「日本バプテスト連盟信仰宣言」採択
一九八二（昭和五七）年	「靖国神社問題に対する日本バプテスト連盟の信仰的立場（反ヤスクニ宣言）」採択
一九八三（昭和五八）年	浅見祐三・鈴子宣教師夫妻をインドネシアへ派遣（日本バプテスト連盟）
一九八六（昭和六一）年	木村公一・オッチョ宣教師夫妻をインドネシアへ派遣（日本バプテスト連盟）
一九八八（昭和六三）年	九州バプテスト神学校設立 江原淳・都代子宣教師夫妻をタイへ派遣（日本バプテスト連盟） 「戦争責任に関する信仰宣言」採択（日本バプテスト連盟）
一九九二（平成四）年	大里英二・エミ宣教師夫妻をタイへ派遣（日本バプテスト同盟） 「日本バプテスト同盟『戦争責任』に関する悔い改め」採択
一九九五（平成七）年	宣教研究所設立（日本バプテスト連盟） 加藤享・喜美子宣教師夫妻をシンガポールへ派遣（日本バプテスト連盟）
一九九六（平成八）年	日本バプテスト神学校設立（日本バプテスト同盟） 日高嘉彦・龍子宣教師夫妻をタイへ派遣（日本バプテスト連盟）
二〇〇一（平成一三）年	「日本バプテスト同盟信仰宣言」採択
二〇〇二（平成一四）年	「平和に関する信仰的宣言」採択（日本バプテスト連盟）

あとがき

これまで、バプテストの教育機関におけるバプテスト史の邦語教材はあまり存在しなかった。高野進氏、斎藤剛毅氏、大西晴樹氏、森島牧人氏、大島良雄氏などの先達による近代バプテストの研究書をはじめ、その他数名の若手研究者の手によるバプテスト研究論文は数多く執筆されてきたが、包括的な「バプテスト史」は存在しなかったと言っても過言ではない。そこで、日本バプテスト連盟、日本バプテスト同盟の伝道者養成に携わる者たちの中で、伝道者養成のための「バプテスト史教科書」を制作することができないか、という話題がたびたび交わされてきた。それが、関東学院大学の「キリスト教と文化研究所」バプテスト研究プロジェクトが主催したある講演会の折に再び話題にのぼり、連盟、同盟等、教派を超えた研究者の意見が一致して、ぜひこれを実現させようではないかということになった。

さっそく、二〇〇七年五月以降、数回にわたる「バプテスト教科書準備懇談会」が関東学院大学で開催され、前出の賛同者を交えて、どのような教科書を作るかということについて協議が重ねられた。

この準備会は、二〇〇七年度、京都、福岡と会合の場所を移しながら、教科書の構想をまとめあげた。翌二〇〇八年度には、本学のキリスト教と文化研究所を拠点として「バプテスト史教科書編纂委員会」が立ち上がり、二〇一一年春の出版を目指して、各担当者は鋭意これと取り組んできた。その結果、このたび、刊行の日を迎える運びとなった。

教科書編纂委員会には、各章の執筆担当者全員に加え、当時キリスト教史学会理事長であられた出村彰先生を監修者にお迎えし、二〇〇八年度以降、二年間にわたって熱心なご指導をいただくこととなり、どうにか本書をまとめあげることができた次第である。

目次からも明らかなように、本書は「バプテスト史」といっても、イングランド、アメリカ、日本のバプテストの歴史に限定されたものであり、ヨーロッパやその他の地域のそれまでは網羅できていない。その意味ではなお不完全なものであり、今後さらなる補足を必要とするものである。教科書編纂委員会では、各執筆者がそれを踏まえた上で、「バプテストの歴史を学ぶならば、最低限これだけは知っておいてもらいたい」と思われる事柄を選んで、それぞれの執筆に当ってもらうことにした。

これまでイングランド、アメリカ、カナダなどにおいては優れたバプテスト史家による成果がいくつも著されてきており、バプテストの学徒には、ぜひともそうした原書を通して歴史を学んで欲しいのであるが、そのための基礎知識を得る入門書として、本書を用いていただけるならば、存外の喜びである。

本書は、複数の執筆者の手を経ているため、それぞれの担当章で文体の個性が見られるが、それはそのまま尊重することとし、むしろ、用語、表記の統一、および、全体の内容的統一性に特段の注意を払うことにした。大陸の宗教改革神学から神学の遺伝子を引き継ぎ、イングランドで誕生したバプテストが、その後、イングランド国内やアメリカでどのように発展し、日本へと伝えられてきたのか、本書によってその筋道を鮮やかに捉えることができるであろう。各執筆者は、多くの歴史資料を駆使しつつ、バランスをとりながら重要な歴史的出来事を選んで記すことに腐心したが、割り当てられた紙面上、それをダイジェストして叙述せざるを得なかったことは言うまでもない。細かな点に詳細な記述を施している部分もあれば、逆に歴史を大きく俯瞰して捉え、比較的簡潔にまとめている部分もある。各自、可能な限りの努力を重ねたつもりではあるが、なお誤りや不足の点が残っていることが推測される。そうした点に関しては、読者諸賢のご批判を謙虚に待ち、訂正していきたいと考えているが、当然のことながら、文責は各章の執筆者自身にある。歴史を記すという仕事は、歴史を学べば学ぶほど、難しい課題であることを痛感したこの二年間であった。

すでに記したように、本書は元来、バプテストの伝道者養成のために書かれた入門書であったが、現役の伝道者や一般の信徒にも読み易いものとなるようにと工夫されている。ぜひとも各個教会において、自派の歴史の学習会などに役立てていただきたいと願うものである。加えて、バプテスト系のキリスト教主義大学の「自校史」の教科書、参考書として用いられることも期待している。

各章の終わりにトピックスの項目を設けているが、そこには人名、用語の解説があり、特筆すべきバプテストの主張、読者への問いかけ、実際に役立つ文献表を、また各章には関連の略年表を付している。注は、必要最低限を付すことに留めたため、章によって注釈のあるもの、ないものが混在している。巻末には、全体の人名・事柄索引を付している。また、図版、写真などをできるだけ多く挿入するよう心がけた。人名表記などは、基本的には原語に近い読み方で統一したが、従来通りの読み方を尊重した方がよいと判断されたものに限っては、そちらを採用している。他教派との関連で、教派としての「バプテスト教会」が出てくる場合、特に十七世紀のバプテスト誕生期に関する記述などにおいては、「バプテスト派」なる表記を使っている箇所がある。しかしそれ以外では、「派」の表記は使用せず「バプテスト」、「バプテスト教会」とし、この区別を試みた。また利便性の面から、各章の初出の重要人物名には、必要に応じて氏名の原綴りと生没年を入れた。こうした表記の統一には細心の注意を払ったつもりであるが、判断が難しいケースがいくつかあった。

本書の執筆、編集にあたり、出村彰先生にはひとかたならぬご指導を賜った。その卓越した歴史研究者の視点から、各執筆者の原稿を何度も丁寧にご覧いただき、多くの貴重なご助言を賜ったことをここに記し、何よりも感謝申し上げなければならない。カルヴァンの研究者であられると共に宗教改革研究の第一人者であられる出村先生の、明るく温かなご指導によって、執筆者一同はたえず情熱をかきたてられながら、和やかな雰囲気の中で作業を進めることができた。この二年間、ご多忙にもかかわらず快く監修の労をお引き受け下さったことに対し、深甚なる謝意を表するものである。

最後になったが、本書出版にあたっては、関東学院大学「キリスト教と文化研究所」からの出版助成金他を、また、日本バプテスト同盟からも助成金をいただいたことをここに明記し、感謝するものである。関東学院大学出版会には全面的な支援をいただき、本書出版の道を開いていただいたが、特に出版会の四本陽一氏には、尽きない謝辞を申し上げたい。

平潟の青海を見下ろしつつ

二〇一一年二月

バプテスト研究プロジェクト代表　**村椿　真理**

ま　行

や　行

ら　行

わ　行

な　行

は　行

た　行

か　行

さ　行

索　　引

村椿 真理（むらつばき・まこと）　1954年生　（第三章）

東京神学大学，同大学大学院神学研究科博士課程前期課程修了，神学修士（組織神学）．イスラエル国・ヘブル大学留学．
職歴　日本基督教団三崎町教会，同教団中京教会，神戸聖愛教会牧師を歴任．関東学院大学助教授を経て，現在，同大学法学部教授．日本バプテスト同盟霞ヶ丘教会牧師．
主要著書　『バプテストの信仰と伝統』（精文舎），『バプテストの教会契約』（ヨルダン社），『日本プロテスタント諸教派史の研究』（共著・教文館），『バプテストの歴史的貢献』（共著・関東学院大学出版会），『バプテストの宣教と社会的貢献』（共著・関東学院大学出版会）．

金丸 英子（かなまる・えいこ）　1955年生　（第四章）

西南学院大学，アメリカ・サザンバプテスト神学校，アメリカ・ベーラー大学大学院博士課程修了．Ph. D.（キリスト教教会史）．
現在，西南学院大学神学部准教授，日本バプテスト連盟福間キリスト教会協力牧師．
主要訳書　J・L・エイミー著『囚われの民，教会—南部バプテストの社会的姿勢に見る，教会と文化の関係史』（教文館），J・ゴンサレス著『これだけは知っておきたいキリスト教史』（教文館）．

枝光 泉（えだみつ・いずみ）　1958年生　（第五章）

西南学院大学文学部，同大学神学部神学専攻科，同志社大学大学院神学研究科博士課程後期課程修了．神学博士（歴史神学）．
主要著書　『宣教の先駆者たち』（ヨルダン社）．

監修者略歴（監修者　2011年5月30日現在）

出村 彰（でむら・あきら）　1933年生

東北学院大学，東京神学大学を経て，イェール大学，プリンストン神学大学，バーゼル大学に留学．Ph. D.（教会史）．

職歴　東北学院大学文学部教授，副学長を経て，同大学名誉教授．前宮城学院理事長．キリスト教学校教育同盟常任理事（百年史担当）．

主要著書『スイス宗教改革史研究』（日本キリスト教団出版局），『中世キリスト教の歴史』（日本キリスト教団出版局），『カステリョ』（清水書院），『カルヴァン 霊も魂も体も」（新教出版社），『ツヴィングリ改革派教会の遺産と負債』（新教出版社）．

執筆者略歴（執筆者　2011年5月30日現在）

松岡 正樹（まつおか・まさき）　1960年生　（第一章）

東北学院大学文学部基督教学科卒業後，同志社大学大学院神学研究科博士課程前期課程修了．神学修士（歴史神学）．

職歴　日本バプテスト同盟京都バプテスト教会牧師を経て，日本バプテスト神学校教務主任．現在，日本バプテスト同盟杉並中通教会牧師．

主要著書 『バプテストの歴史的貢献』（共著・関東学院大学出版会），『十五年戦争期の天皇制とキリスト教』（共著・新教出版社）．

斎藤 剛毅（さいとう・ごうき）　1936年生　（第二章）

国際基督教大学，西南学院大学神学部，同神学専攻科卒，アメリカ・サザンバプテスト神学校に留学，大学院修士，博士課程修了．Ph. D.（教会史）．

職歴　明石市で開拓伝道に従事，福岡長住バプテスト教会牧師，西南学院大学神学部講師．ジョージタウン大学客員教授．福岡女学院大学教授．同大学名誉教授．

現在，筑紫野南キリスト教会協力牧師．

主要著書 『バプテスト教会の起源と問題点』（ヨルダン社），『神の国をめざす旅人』（ヨルダン社）．訳書　P. T. フォーサイス『祈りの精神』（ヨルダン社），P. T. フォーサイス『十字架の決定性』（共訳・ヨルダン社），H. E. フォスディック『祈りの意義』（ヨルダン社）．

見えてくる　バプテストの歴史

2011年５月30日　第１刷発行
2013年５月10日　第２刷発行
2016年９月10日　第３刷発行
2023年８月28日　第４刷発行

監修者　出村　彰
編　者　バプテスト史教科書編纂委員会
発行者　関東学院大学出版会
代表者　小山嚴也
236-8501　横浜市金沢区六浦東一丁目50番１号
電話・(045)786-5906／FAX・(045)786-7840

発売所　丸善出版株式会社
101-0051　東京都千代田区神田神保町二丁目17番
電話・(03)3512-3256／FAX・(03)3512-3270

印刷／製本・藤原印刷株式会社

ISBN 978-4-901734-41-7 C3016　Printed in Japan